FRANZ HUBMANN/WALTER POHL

DEUTSCHE KÖNIGE RÖMISCHE KAISER

FRANZ HUBMANN / WALTER POHL

DEUTSCHE KÖNIGE RÖMISCHE KAISER

DER TRAUM VOM HEILIGEN RÖMISCHEN REICH DEUTSCHER NATION 800–1806

MIT 136 ABBILDUNGEN

VERLAG CHRISTIAN BRANDSTÄTTER · WIEN–MÜNCHEN

Verlag und Autoren danken für das freundliche Entgegenkommen und die tatkräftige Unterstützung bei den Recherchen und Aufnahmen Dr. Anna Benna (Österreichisches Staatsarchiv, Abteilung Haus-, Hof- und Staatsarchiv, Wien), Dr. Jürg Garms (Österreichisches Kulturinstitut, Rom), Gordian Graf Gudenus (Botschafter beim Heiligen Stuhl), Amtsrat Clemens Höslinger (Österreichisches Staatsarchiv, Abteilung Haus-, Hof- und Staatsarchiv, Wien), Dr. Wilhelm Jung (Dommuseum Mainz), Dr. Georg Johannes Kugler (Kunsthistorisches Museum, Wien), Presseattaché Rainer Leignitz (Österreichische Botschaft, Rom), Karl Lubomirski, Dr. Christoph Ludwig (Österreichisches Kulturinstitut, Rom), Karl Neuziel (Stift Klosterneuburg), Generalmajor Alois Nitsch (Kommandant der Theresianischen Militärakademie, Wiener Neustadt), DDr. Floridus Röhrig (Kustos des Stiftes Klosterneuburg), Dr. Karl Rudolf (Österreichisches Kulturinstitut, Rom), Prof. Heinrich Schmidinger (Österreichisches Kulturinstitut, Rom), Dr. Karel Sĕfrna (Karlstein, ČSSR), Dr. Karel Sirotek (Verband der tschechoslowakischen Journalisten, Prag), Msgr. Dr. Erich Stephany (Schatzkammer Aachen), Domdekan Dr. Bruno Thiebes (Domkapitel Speyer) sowie der Kancelář Prezidenta ČSSR Informačni středisko, Prag (Kanzlei des tschechischen Staatspräsidenten) und dem Museum der Stadt Regensburg. Weiters danken wir allen Damen und Herren, die uns in deutschen Kirchen, Archiven und Museen beigestanden sind und auch den freundlichen, hilfsbereiten Menschen an den Kaisergedenkstätten der DDR.

Von diesem Werk wurde im August 1987 eine Auflage von 10.000 Exemplaren hergestellt.

Die graphische Gestaltung und der Entwurf des Schutzumschlags (die Schutzumschlagvorderseite zeigt die Reichskrone, Schatzkammer, Wien, die Schutzumschlagrückseite den Adler Karls IV. auf der Tür der Wenzelskapelle im Veitsdom, Prag) stammen von Christian Brandstätter. Das Lektorat erfolgte durch Christine Wessely, die technische Herstellung besorgte Rudolf Metzger.

Die Reproduktion und der Druck des Bildteils erfolgten bei C. & E. Grosser in Linz, der Druck des Textteils und die Bindearbeit beim Wiener Verlag in Himberg. Gesetzt wurde in der Walbaum, 12 auf 14 Punkt, in der RSB Fotosatz Gesellschaft m.b.H. in Wien.

ISBN 3-85447-257-9

Christian Brandstätter Verlag & Edition
Gesellschaft m.b.H. & Co KG
A-1080 Wien, Wickenburggasse 26

INHALT

PRÄLUDIUM: DAS KAROLINGISCHE KAISERTUM

Die Kaisergeschichte des Mittelalters begann mit einem auch für die damalige Zeit aufsehenerregenden Kriminalfall. Am 25. April 799 wurde Papst Leo III. während einer feierlichen Prozession von einer Gruppe von Verschwörern überfallen und vom Pferd gezerrt. Man riß ihm die kostbaren Gewänder vom Leib und versuchte ihm die Augen auszustechen sowie die Zunge abzuschneiden. Entsetzt flohen die Umstehenden; der verletzte Stellvertreter Gottes auf Erden blieb zunächst in seinem Blut liegen, bis die Attentäter es sich doch anders überlegten und ihn zur Pflege in ein nahegelegenes Kloster schaffen ließen. Es handelte sich keineswegs um irgendwelche ‚Terroristen', wie man sie im heutigen Sprachgebrauch nennen würde. Im Gegenteil, die Häupter der Verschwörung gehörten den besten Familien Roms an, unter ihnen waren der päpstliche Schatzmeister und ein weiterer höchster päpstlicher Amtsträger. Sie warfen dem Papst unter anderem seine ‚levantinische' Abkunft und seinen wenig vorbildlichen, ja verbrecherischen Lebenswandel vor. Die beabsichtigte Verstümmelung sollte Leo III. amtsunfähig machen, eine Methode, die auch am byzantinischen Kaiserhof gelegentlich gebraucht wurde; etwa ein Jahrhundert zuvor war dem gestürzten Kaiser Justinian II. zu diesem Zweck die Nase abgeschnitten worden, was ihn nicht hinderte, zurückzukehren und blutige Rache zu nehmen.

Auch Papst Leo gelang es, seinen Gegnern den frevlerischen Gewaltstreich heimzuzahlen, zumal sie ungeschickt ans Werk gegangen waren. Die grausame Behandlung hatte ihn weder das Augenlicht noch die Sprache gekostet. Dem päpstlichen Kämmerer glückte es, ihn nachts über die Mauer zu hieven und so aus der Klosterhaft zu befreien, worauf er aus dem unsicheren Rom nach Paderborn zum Frankenkönig Karl floh, den schon die Zeitgenossen den ‚Großen' nannten. Seitdem Karls Vater Pippin und später Karl selbst die Päpste vor langobardischen Angriffen bewahrt hatten, galten die Frankenkönige als Beschützer der römischen Kirche und trugen den Titel ‚Patricius Romanorum'. Die karolingische Schutzmacht bewährte sich auch diesmal. Karl ließ den Papst von einer bewaffneten Eskorte nach Rom zurückführen. Im folgenden Jahr machte er sich selbst auf den Weg nach Rom, um die immer noch verworrene Lage persönlich zu klären.

Leo III. bereitete dem Frankenkönig einen großartigen Empfang. Am 23. November 800 zog er dem hohen Gast bis zwölf Meilen vor die Stadt entgegen und speiste mit ihm; auf dem letzten Wegstück hatte er Römer und Fremde postiert, die Karl mit Lobgesängen und Jubel begrüßen sollten. Er selbst, mit den Bischöfen und Geistlichen der Stadt, erwartete den König am nächsten Tag vor der Peterskirche, „und geleitete ihn nach einem Gebet unter dem Gesange aller in die Kirche", wie die Reichsannalen berichten. Das große Spektakel der Eintracht zwischen König und Papst zahlte sich aus. Bei der Untersuchung, die Karl „über die dem Papst zur Last gelegten Verbrechen" anstellen ließ, wagte niemand mehr, für die Beschuldigungen gegen Leo den Beweis anzutreten. Der Frankenkönig begnügte sich daher mit einem Reinigungseid, den der Papst in aller Form von der Kanzel der Peterskirche aus ablegte; daß die Zeremonie ohne Zwischenfall verlief, wurde als Einverständnis Gottes ausgelegt, der ja durch die ‚wunderbare' Heilung ohnehin schon seine Sympathien in der Affäre dokumentiert hatte.

Nun war der Weg frei für jene ebenso folgenschwere wie umstrittene Szene, mit der ein Jahrtausend abendländische Kaisergeschichte anhebt: „Als der König gerade am Weihnachtstag sich vom Gebet vor dem Grab des seligen Apostels Petrus zur Messe erhob, setzte ihm Papst Leo eine Krone aufs Haupt, und das ganze Römervolk rief dazu: dem erhabenen Karl, dem von Gott gekrönten großen und friedenbringenden Kaiser der Römer Leben und Sieg! Und nach den lobenden Zurufen wurde er vom Papst nach der Sitte der alten Kaiser durch Kniefall geehrt und fortan, unter Weglassung des Titels Patricius, Kaiser und Augustus genannt." Die ganze Szene war offenbar sorgfältig einstudiert, die „pretiosissima corona", die äußerst kostbare Krone, von der die offiziöse Papstgeschichte spricht, muß von langer Hand vorbereitet gewesen sein. Weniger klar ist, ob Karl selbst von der Zeremonie überrumpelt wurde. Der Biograph des Kaisers, der wohlinformierte und gewissenhafte Zeitgenosse Einhard, schreibt, Karl sei die ganze Sache zuwider gewesen; „er versicherte, er würde an jenem Tage, obgleich es ein hohes Fest war, die Kirche nicht betreten haben, wenn er des Papstes Absicht hätte vorherwissen können".

Die moderne Geschichtsforschung hat dieser Frage zahllose Untersuchungen gewidmet. Lange hielt man, getreu der Behauptung Einhards, Karl für einen Kaiser wider Willen. War also der Beginn des über tausendjährigen abendländischen Kaiserreiches ein bloßer Irrtum, die gelungene Intrige eines zwielichtigen Papstes? Die Forschungen der letzten Jahrzehnte geben eine andere Antwort. Einhards Vorbild war, so zeigten sie, was der große antike Biograph Sueton über Augustus und dessen edle Bescheidenheit schrieb; seine Bemerkung ist also ein literarischer Kunstgriff. Dagegen wurden die vielschichtigen Wurzeln und Vorstufen des neuen Kaisertums bloßgelegt. In der Tat schloß Karl in jenen Jahren in vielem an die Tradition der ‚alten Kaiser' an.

Der Ausbau der ‚Pfalz', der Residenz, in Aachen und vor allem der dortigen Pfalzkapelle war seit Jahrhunderten das ehrgeizigste Bauvorhaben nördlich der Alpen. Karl, der im übrigen im ganzen Reich herumreiste, hielt sich in seinen späteren Jahren am liebsten im alten Badeort Aachen auf; er schwamm gerne und lud oft bis zu hundert Leute aus seinem Gefolge zum gemeinsamen Bad ein. Die der Muttergottes geweihte Kirche „stattete er aus mit Gold und Silber, mit Leuchtern und mit ehernen Gittern und Türen", wie Einhard erzählt. „Da er die Säulen und Marmorplatten für die Kirche anderswoher nicht bekommen konnte, ließ er sie aus Rom und Ravenna herbeischaffen"; unter anderem benützte er, mit Erlaubnis des Papstes, das Grabmal des großen Gotenkönigs Theoderich als ‚Steinbruch'. „Er ließ es sich auch angelegen sein, daß alle gottesdienstlichen Verrichtungen mit möglichst großer Würde begangen würden, indem er häufig die Küster mahnte, keinen Unrat oder Schmutz in die Kirche zu bringen oder darin liegen zu lassen." Hier stand und steht auch bis heute Karls steinerner Thron, ebenfalls aus antiken Platten errichtet.

Nicht immer waren Karls Architekten seinen großen Plänen gewachsen: Der Säulen-

gang, der vom Palast zur Kapelle führte, stürzte kurz vor Karls Tod in sich zusammen. Auch das Projekt eines Kanals zwischen Rhein und Donau, an dem 792/93 Tausende arbeiteten, mußte aufgegeben werden; die sogenannte ‚fossa Carolina', der Karlsgraben, ist heute noch im Altmühltal, nicht weit von einer modernen Baustelle ähnlicher Art, zu bewundern. Und die Mainzer Rheinbrücke, „die er in einem Zeitraum von zehn Jahren mit unendlicher Mühe und wunderbarer Kunst aus Holz gebaut hatte", brannte, ebenfalls vor seinem Tod, in drei Stunden völlig ab. Dennoch zeigt der Ehrgeiz solcher Projekte, in welchen Dimensionen man damals am Karolingerhof dachte. Kein Wunder; denn binnen weniger Jahrzehnte hatten die Frankenheere fast ganz Mittel- und Westeuropa unterworfen. Von Barcelona bis Belgrad, von der Bretagne bis Benevent galt das Wort des Frankenkönigs. Er herrschte damit auch über die alten Kaiserstädte, die mehr oder weniger verfallenen Residenzen der weströmischen Kaiser: Rom und Ravenna, Arles und Trier, Mailand und sogar Sirmium am Unterlauf der Save, hart an der ehemaligen Scheidelinie zum Ostreich. In dieser Gegend, mit dem antiken Namen Pannonien genannt, errangen die Karolinger fast kampflos 795/96 einen ihrer größten Siege: Sie eroberten die Residenz und vor allem den riesigen Schatz der awarischen Khagane, die hier fast ein Vierteljahrtausend die Vorteile ihres schlechten Rufes genossen hatten.
Solche Erfolge konnten nicht ohne Folgen bleiben. Während Karl in Rom einzog, waren zwei Gesandtschaften aus dem Orient unterwegs zu ihm. Die erste erschien gerade am Tag des päpstlichen Reinigungseides; sie kam vom Patriarchen des längst von den Arabern beherrschten Jerusalem und überbrachte die Schlüssel zur Stadt und zum Grab des Herrn. Der Frankenkönig konnte sich damit als Schutzherr der Heiligen Stätten betrachten, was wenig reale Bedeutung, aber große propagandistische Wirkung hatte. Die zweite Gesandtschaft, die der berühmte Kalif Harun al-Raschid schickte, landete im Frühjahr und brachte als Geschenk aus Bagdad einen Elefanten mit; der Name des Tieres war Abul-Abbas, wie der sonst recht wortkarge Annalist extra mitteilt. Für den Kalifen war das nicht mehr als eine freundliche Geste für den König des ‚fernen Westens'; die Franken werteten es als Beweis für die Weltgeltung ihres großen Königs.
Während Karl solcherart im Zenit seiner Macht stand, waren die beiden höchsten christlichen Gewalten, Papst und Kaiser, kompromittiert. Die peinliche Affäre um Leo III. hatte der Frankenkönig zwar ausbügeln können; doch jeder in Rom wußte, daß der Papst seine Stellung nur mehr der fränkischen Intervention verdankte, seine Autorität war angeschlagen. Zur selben Zeit erreichten auch die Erben der römischen Kaiser in Byzanz einen Tiefpunkt ihres Ansehens. Im Sommer 797 ließ Kaiserin Irene ihren eigenen Sohn absetzen und blenden und übernahm an seiner Stelle die Regierung. Das war vielleicht nur eine Episode in der an Greueln reichen Geschichte der byzantinischen Kaiser; doch daß diesmal eine Frau die Herrschaft an sich gerissen hatte, erschien im Westen so gut wie unverzeihlich. Zudem bestanden gerade tiefgreifende theologische Meinungsverschiedenheiten zwischen Ost und West in der Frage der Bilderverehrung, die man in Konstantinopel verdammte. An Karls Hof verstand man die Zeichen der Zeit sehr wohl; schon im Juni 799 legte Alkuin, der hochgebildete Berater, seinem König brieflich das Versagen der beiden höchsten Gewalten der Christenheit dar und zog den Schluß: „Nun liegt das ganze Heil der Kirche Christi an Dir allein!"
Es war nur konsequent, daß zu dieser hohen Verantwortung auch der Titel trat. Was an jenem Weihnachtstag 800 geschah – für die Zeitgenossen, die anders rechneten, begann an diesem Tag übrigens schon das Jahr 801 – lag sozusagen in der Luft.

Dennoch könnte Karls Verstimmung, von der Einhard berichtet, einen Grund gehabt haben. Denn daß es die Römer waren, die ihn ‚per acclamationem' zum Kaiser ‚der Römer' erhoben, und nicht seine Franken, machte das Kaisertum abhängig von den streitsüchtigen und unzuverlässigen Bürgern der Ewigen Stadt. Und daß der Papst es war, der ihm die Krone aufs Haupt setzte, ließ sich ebenso als Vorrecht des Papstes vor dem Kaiser auslegen. Schon der Geburtsakt des abendländischen Kaisertums war somit von jener Doppeldeutigkeit begleitet, die das ganze Mittelalter hindurch zu endlosen Auseinandersetzungen um den Vorrang führen sollte. Karl mag etwas davon geahnt haben. Denn der Papst ließ im Speisesaal des Lateran-Palastes ein programmatisches Mosaik anbringen; man sieht darauf König Karl zu Füßen des heiligen Petrus knien und von ihm eine Fahne empfangen. Leicht war daraus der Schluß abzuleiten, daß der Papst als Nachfolger Petri über das Kaisertum verfügen konnte. Späteren Päpsten war diese ‚Staatstheorie im Bild' so wichtig, daß sie bis heute erhalten wurde. Selbst als der Palast abgebrochen wurde, baute man das Mosaik in veränderter Form wieder auf; heute steht es direkt an der Straße, die am Lateran vorbeiführt, und man riskiert fast das Leben, wenn man sich davor in die spannungsgeladenen Weihnachtstage des Jahres 800 zurückversetzen möchte.
Der frischgebackene Kaiser hatte die Macht, sich um die päpstlichen Ansprüche nicht zu kümmern. Dennoch nahm der komplizierte Titel, den er nun trug, auf die heikle staatsrechtliche Lage Rücksicht; schließlich sollten auch die Byzantiner, die bisher das Monopol auf das römische Kaisertum gehabt hatten, nicht über Gebühr beunruhigt werden. Der offizielle Titel Karls lautete nun: „Serenissimus augustus a Deo coronatus magnus pacificus imperator, Romanum gubernans imperium, qui et per misericordiam Dei rex Francorum et Langobardorum". Jeder dieser lateinischen Titel erzählt eine eigene Geschichte und hatte seine zeitgebundene Bedeutung, die eine Übersetzung kaum wiederzugeben vermag. Dem Kaisertitel entsprach nicht etwa ein lateinisches ‚Caesar', wie man erwarten würde; dieser Titel wurde nämlich in Byzanz gelegentlich für den designierten Nachfolger verwendet, während dort der Kaiser den griechischen Titel ‚Basileus' trug. Dem deutschen ‚Kaiser' entsprach also das lateinische ‚imperator'; der Zusatz ‚der das Römische Reich regiert' umging die problematische Formel ‚Kaiser der Römer'. Wichtig ist außerdem, daß der Kaisertitel keineswegs das Königtum ersetzte; Karl nannte sich weiter ‚König der Franken und Langobarden'. Das Titel-Ungetüm wurde durch die zweifache Berufung auf Gott vervollständigt. Sie betonte nicht nur den christlichen Charakter des Reiches, sondern demonstrierte auch, daß sich Kaisertum wie Königswürde direkt von Gott herleiteten, nicht etwa vom Papst oder einer irdischen Macht.
Unserer Zeit mag solches Wortgeplänkel abstrakt erscheinen, damals gehörte es zur Realpolitik. Sehr real war auch der zweite Schachzug, mit dem Karl die Päpste als ‚Kaisermacher' auszuschalten versuchte. Noch zu Lebzeiten erhob er seinen Sohn Ludwig 813 zum Mitkaiser. Die Zeremonie fand in Aachen und nicht in Rom statt; Karl vereidigte seinen Sohn, der sich dann die Krone selbst aufs Haupt setzte und von den fränkischen Großen akklamiert wurde. Wenn das Beispiel Schule gemacht hätte, wäre aus dem ‚römischen' Kaisertum der Deutschen vielleicht eher ein ‚deutsches' geworden. Doch nur das außergewöhnliche Ansehen, das Karl schon zu Lebzeiten genoß, machte einen solchen Alleingang in Aachen möglich. 817 wurde noch feierlich beschlossen, daß der Kaiser selbst und die Reichsversammlung den Nachfolger zu bestimmen hätten; wie viele gutgemeinte Gesetze geriet diese ‚ordinatio imperii' schnell in Vergessenheit. Die Nachfolger mußten sich bald daran gewöhnen, daß ohne Rom auch kein römisches Reich, kein Kaisertum möglich waren.

Seit Weihnachten 800 konnten die Frankenkönige also das römische Kaisertum beanspruchen. An der Position des bald sechzigjährigen großen Karl änderte das weniger als man glauben könnte, ähnlich wie für einen verdienten österreichischen Beamten der Jetztzeit der Hofratstitel wenig zusätzliche Befugnisse oder Einnahmen bringt. Noch weniger dachten die Zeitgenossen daran, mit dieser Krönung etwa ein tausendjähriges Reich zu begründen. Eher versuchten sie damit ein fast schon tausendjähriges Kaisertum mehr oder weniger am Leben zu erhalten, an den damals noch gar nicht so fernen Glanz der ‚alten Kaiser' anzuknüpfen. ‚Renovatio Romani imperii', Erneuerung des Römischen Reiches, war das Motto, das Karl der Große nach 800 auf seine Kaiserbulle setzte, mit der er feierliche Urkunden siegelte. Bis dahin war es den Kaisern in Konstantinopel gelungen, diese große Tradition allein zu verkörpern; wenig mehr als ein halbes Jahrhundert war es erst her, seit die Langobarden die byzantinischen Beamten aus Rom vertrieben hatten, in Venedig und Süditalien herrschten die Vertreter des ‚neuen Rom' am Bosporus noch jahrhundertelang. Diese Griechen in Byzanz nannten sich selbst ‚Römer'; wenn nun auch ein Franke den ehrwürdigen Titel ‚imperator augustus' annahm, konnte er sich für einen ebensoguten ‚römischen' Herrscher halten wie alle anderen vor ihm. In den Augen der Zeit war damit kein neues Reich entstanden; das alte war sozusagen ‚übersiedelt', wie es die Formel von der ‚translatio imperii' ausdrückt.

Es war kein Zufall, daß dieses Reich nun gerade auf einen Franken überging. Von allen barbarischen Erben Roms waren die Franken die erfolgreichsten. Während Goten, Vandalen oder Langobarden im Laufe der ‚Völkerwanderung' halb Europa durchzogen, um sich schließlich an den begehrten Küsten des Mittelmeeres in langwierigen Kämpfen aufzureiben, dehnten die Franken ihr Siedlungsgebiet bloß vom Rhein bis gegen die Loire aus. Von dieser ‚Francia' aus unterwarfen sie Burgunder und Alamannen, Thüringer und Bayern; schon um 500 herrschte König Chlodwig über ein ausgedehntes Reich. Seine Gründung überstand auch den Niedergang seiner Dynastie, der Merowinger. Schrittweise drängte die Familie der Karolinger aus ihrer Position als ‚Hausmeier', sozusagen die Geschäftsführer der fränkischen ‚Firma', die merowingischen Childeriche, Chilperiche, Chlodoweche und wie sie alle hießen, beiseite. Um aber selbst König zu werden, brauchte der Karolinger Pippin die Autorität des Papstes. Das traf sich gut, denn der Papst wiederum brauchte fränkische Hilfe gegen die Angriffe der Langobarden. 751 wurde Pippin zum König der Franken gekrönt, der letzte Merowinger mußte zum Friseur – und ins Kloster gehen: Seine langen Haare, Zeichen seiner Herrschaft, wurden geschoren. Das war damals die ‚humane' Möglichkeit, sich eines Thronanwärters zu entledigen, dem man nicht gleich ans Augenlicht oder sogar ans Leben wollte.

Pippins Gegenleistung hatte Folgen, die er kaum absehen konnte. Erst kurz zuvor hatten die Langobarden den byzantinischen Besitz in Mittelitalien erobert, der von der Gegend von Ravenna bis südlich von Rom reichte. Pippin schlug die Langobarden und versprach dem Papst, ihm dieses Gebiet zurückzugeben. Diese sogenannte „Pippinsche Schenkung" führte zur Entstehung des Kirchenstaates, in dem der Papst bis ins 19. Jahrhundert die weltliche Herrschaft behauptete. Zur Absicherung dieses vielumstrittenen Gebietes produzierte man in Rom gleich noch ein gefälschtes Dokument, das viel weiter ging: die ‚Konstantinische Schenkung', wonach angeblich Kaiser Konstantin einst dem Papst die Herrschaft über Rom, Italien, ja den ganzen Westen abgetreten habe. Trotz mancher Zweifel (schon Otto III. durchschaute die Fälschung) spielten beide ‚Schenkungen' in der Auseinandersetzung zwischen Kaiser und Papst noch eine große Rolle. Dabei hatte Pippin nur etwas verschenkt, was er ohnehin nicht brauchen konnte; er dachte noch nicht daran, Italien seinem Reich einzuverleiben. Das tat erst sein Sohn Karl nach einem weiteren Sieg im Jahr 774: Anstelle des geschlagenen Langobardenkönigs ließ er sich selbst zum König der Langobarden krönen. Damit hatten die Franken alle Germanenreiche, die auf dem Boden des alten ‚Imperium Romanum' (außer England) noch bestanden, unter Kontrolle.

Durch seine Kaiserkrönung in Rom wurde Karl der Große dennoch nicht fränkischer Kaiser. Noch weniger darf man ihn als deutschen oder französischen Kaiser verstehen. Damals gab es, wie noch erklärt werden soll, weder Deutsche noch Franzosen; den Streit, wem ‚Charlemagne', der ‚große Karl', eigentlich gehört, hätten seine Zeitgenossen unverständlich gefunden. Es ist deshalb kein Wunder, daß es im Zeitalter der europäischen Einigung zu einer wahren Karls-Renaissance gekommen ist. Während in den fünfziger und sechziger Jahren eine Flut von Büchern über den ‚Vater Europas' erschien, bildete sich die europäische Gemeinschaft; das ‚Europa der Sechs' hatte damals fast dieselben Grenzen wie einst das Karlsreich. Die Träger des Karolingerreiches, Krieger wie Geistliche, waren wahrhaft internationaler Abstammung, kein nationales Vorurteil hinderte ihr Zusammenwirken; in unserem Jahrhundert des Chauvinismus kann das in der Tat als Vorbild gelten. Doch sollte man darüber nicht vergessen, daß dieser karolingische Reichsadel eine durchaus imperiale Politik betrieb und seine Machtansprüche und Interessen im Inneren wie im Äußeren ohne viele Skrupel durchzusetzen wußte.

Der Erfolg Karls des Großen bestand darin, die Interessen dieser – weltlichen und geistlichen – Mächtigen als Triebkraft seiner Politik einzusetzen. Auf ihre Zustimmung und ihre Unterstützung war er angewiesen. Schon seinem Sohn Ludwig dem Frommen gelang das weniger gut; binnen kurzer Zeit schuf er sich mit verschiedensten Maßnahmen viele Gegner. Im Lauf des 9. Jahrhunderts vermehrten sich die Aufstände, die Auseinandersetzungen zwischen mächtigen Adelsgruppen, die Reibereien um Sonderinteressen. Das Gleichgewicht zwischen Königen und Adel wurde immer mehr gestört, die Politik der Kaiser und Könige fand immer weniger Resonanz.

Noch verhängnisvoller für die Macht der Karolinger wirkte sich etwas anderes aus. Karl der Große hatte während seines langen Lebens hintereinander vier offizielle Gemahlinnen; eine verstieß er, die anderen überlebte er. Daneben schloß er mehrere kirchlich nicht gültige sogenannte ‚Friedelehen'; schließlich erfreute er sich noch bis ins Alter einer Reihe von Konkubinen. Es ist kein Wunder, daß er auf diese Weise eine erkleckliche Anzahl von Nachkommen zeugte. Zwar waren die ‚offiziellen' Kinder rechtlich bevorzugt; doch war es üblich, alle von ihnen mit kleineren oder größeren Herrschaften zu beteilen, und manchmal kamen auch illegitime Söhne ins Spiel. Dieses System mußte zu ständigen Auseinandersetzungen führen. Karl selbst war es beschieden, alle erbberechtigten Söhne bis auf einen zu überleben, dem er Kaisertum und Reich vererben konnte; doch hatte er das Pech, daß nicht gerade der Tüchtigste übrigblieb. Ludwig der Fromme, der niemals lachte und vor allem das mönchische Leben schätzte, hatte nichtsdestoweniger selbst eine Reihe von rivalisierenden Söhnen; und damit nahm das Unheil seinen Lauf.

Der Verlauf der Intrigen und Kämpfe, in denen sich die Söhne Ludwigs in wechselnden Bündnissen schon zu Lebzeiten des Vaters verschiedene Reichsteile sicherten und wieder verloren, kann hier nicht geschildert werden. Einen peinlichen Höhepunkt fanden sie 833, als sich mehrere der Söhne gegen den wortbrüchigen Vater zusammenfanden; in ihrem Lager erschien auch der Papst, worauf dem ‚frommen' Kaiser auf dem Lügenfeld bei Colmar das ganze Heer davonlief. Vorübergehend wurde er nun abgesetzt und mußte ein demütigendes öffentliches Schuldbekenntnis

ablegen. Die Uneinigkeit der Söhne verhalf ihm wieder zu seinem Thron, der mittlerweile allerdings das meiste von seinem Glanz eingebüßt hatte.
Als Ludwig der Fromme 840 starb, kam es zu neuem Bruderkrieg. Schließlich einigte man sich 843 in Verdun auf eine Dreiteilung: Lothar, der älteste Sohn, längst zum Mitkaiser gekrönt, sicherte sich eine langgestreckte Landbrücke zwischen den beiden Krönungsstädten Aachen und Rom, die beiden anderen Brüder, Ludwig ‚der Deutsche' und Karl ‚der Kahle', die zukunftsträchtigeren Reichsteile in Ost und West. Was folgte, war eine komplizierte Folge von weiteren Teilungen, Bruderkriegen und vorübergehenden Wiedervereinigungen. Die rasch aufeinanderfolgenden Akteure sind der Schrecken moderner Geschichtsstudenten, trotz ihrer später zugeteilten phantasievollen Beinamen: Karl der Kahle, Karl der Dicke, Karl der Einfältige, Ludwig der Stammler, Ludwig der Jüngere, Ludwig das Kind. Viele von ihnen waren Epileptiker, hatten andere Krankheiten oder nahmen sonstwie ein rasches Ende; einer verschied sogar auf der ‚Schürzenjagd', als er einer Frau nachritt und dabei gegen den Pfosten des Hauses prallte, in dem sie Zuflucht gesucht hatte. Die Epilepsie wurde auch zum politischen Faktor, wie sich im Jahr 873 anläßlich eines der allzuüblichen Konflikte zwischen Vätern und Söhnen zeigte: „Ludwig (der Deutsche), der Ostkönig, feierte in Frankfurt einen Reichstag der Bischöfe und Laienfürsten. Dorthin kamen zwei seiner Söhne, Ludwig (der Jüngere) und Karl (der Dicke), voll böser Pläne gegen ihn. Sie führten Gewalt im Schild, wollten frühere Eide mißachten, den Vater um die Herrschaft bringen und in Gewahrsam nehmen. Aber Gott, der gerechte und geduldige Richter, ließ dort öffentlich ein großes Wunder sehen: Ein Teufel fuhr vor aller Augen in Karl und trieb ihn schrecklich mit wirren Lauten um. An demselben Tag noch wurde der Dämon durch Gebete und Beschwörungen verschiedener Priester ausgetrieben. Beim Anblick dieses schrecklichen Zeichens fiel der ältere Bruder dem Vater zu Füßen, bekannte die ruchlose Schuld und bat um Gnade. Der gütige Vater klärte nun den ganzen Fall mit weiser Umsicht." Die Kaiserkrone vermochten sich zumeist jene Karolingerkönige zu sichern, die Italien beherrschten und sich die Sympathie des Papstes zu sichern vermochten. Der Niedergang der karolingischen Macht fand symbolischen Ausdruck, als die Wikinger ungestört Aachen plündern konnten und die Pfalzkapelle, das Juwel Karls des Großen, als Pferdestall verwendeten.
Ein päpstlicher Krimi war einst das Vorspiel zu Karls Kaiserkrönung gewesen: Eine päpstliche Gruselgeschichte bildete auch das Nachspiel zum letzten Karolingerkaiser. Gegen Ende des 9. Jahrhunderts hatten sich in Italien fränkische Adelsfamilien durchgesetzt; Wido von Spoleto gelang es 891 sogar, sich und seinen Sohn Lambert zu Kaisern krönen zu lassen. Doch Papst Formosus waren die beiden vor seiner Haustür residierenden Emporkömmlinge nicht geheuer. Er wandte sich an den ostfränkischen König Arnulf von Kärnten um Hilfe, der selbst ein halber Usurpator war: Der aus einer ‚wilden' Friedelehe stammende Karolinger hatte vor einigen Jahren den unfähigen Karl ‚den Dicken' abgesetzt. Arnulf zog nach Italien und ließ sich selbst von Formosus zum Kaiser krönen. Doch bevor er seine Rivalen aus Spoleto beseitigen konnte, traf ihn der Schlag, und er mußte krank nach Hause zurückkehren. Nun war wieder Lambert von Spoleto an der Reihe. Auch wenn Arnulf längst sicher hinter den Alpen saß und Papst Formosus gestorben war, ließ er sich seine Rache nicht nehmen. Die Leiche des Papstes wurde aus dem Grab gezerrt und wieder auf den päpstlichen Stuhl gesetzt. Kaiser Lambert ließ in Anwesenheit des halbverwesten Feindes über ihn eine förmliche Gerichtsverhandlung abhalten. Schließlich wurden die sterblichen Überreste des Formosus von seinem Nachfolger, dem die makabre Idee gekommen war, verurteilt und in den Tiber geworfen. Freilich konnte auch der neue Papst sich nicht

lange dieses Erfolges freuen; im folgenden Jahr war er an der Reihe, wurde gestürzt und im Kerker erdrosselt, während sein Gönner Lambert an den Folgen eines Jagdunfalles verschied. Das Leben in jenen unruhigen Zeiten war eben intensiv, aber oft kurz. Und das Kaisertum war nun endgültig zu politischem Kleingeld geworden, um das sich einige Adelsfamilien zankten, bis 924 ‚Kaiser' Berengar ermordet wurde und der kompromittierte Titel in die Mottenkiste wanderte.

1

1 Der Thron Karls des Großen in der Aachener Pfalzkapelle –
die Thronsetzung auf dem ebenso schlichten wie begehrten,
auf römischen Marmorplatten ruhenden Sitz
war wesentlicher Bestandteil des Krönungszeremoniells.

2

Oben: *2* Ein achteckiger Bau nach spätantikem Vorbild: Die schmucklosen Außenmauern der Aachener Pfalzkapelle lassen kaum mehr erahnen, daß man vor einem Hauptwerk karolingischer Architektur steht.

Gegenüberliegende Seite: *3* Das Innere der Aachener Pfalzkapelle: Die acht Seiten symbolisierten die Ewigkeit, die Rundbögen den Himmelsbogen, im Obergeschoß konnte der Herrscher von allen gesehen werden. Friedrich I. stiftete um 1165 den Barbarossa-Leuchter.

3

4

Oben: *4* Wiederaufnahme einer kaiserlichen Kunst: In der Aachener Palastwerkstatt wurden die beiden Bronzeflügel des Haupteingangs zur Pfalzkapelle aus einem Stück gegossen, die sogenannte Wolfstür.

Gegenüberliegende Seite: *5* Die Bauten in der alten Kaiserstadt Ravenna hatten Karl den Großen beeindruckt; die Pfalzkapelle folgt dem Vorbild der Kirche von San Vitale aus dem 6. Jahrhundert. Auch die Architekten Wilhelms II. orientierten sich daran, als sie um 1900 die Pfalzkapelle renovierten und mit historisierenden Mosaiken verbrämten.

Folgende Doppelseite: *6* Die Bronzegitter der Pfalzkapelle stammen ebenfalls aus der Hofwerkstatt; geometrische und klassische Motive wechseln einander ab.

Unten: *7* Karl „der Heilige" – der erste abendländische Kaiser wurde unter den Staufern heiliggesprochen, seine Verehrung erreichte im 14. Jahrhundert unter Karl VI. einen neuen Höhepunkt; dieser ließ auch das Kopfreliquiar anfertigen. (Aachener Domschatz)

Gegenüberliegende Seite: *8* Die Säulen für den Bau der Pfalzkapelle ließ Karl der Große mit Erlaubnis des Papstes aus Italien herbeischaffen, etwa aus dem Palast des Gotenkönigs Theoderich in Ravenna.

7

8

10

Vorhergehende Doppelseite: *9* Tor und Kapelle zugleich: Die Torhalle des Klosters von Lorsch, bei Worms am Rhein, um 770 gebaut, greift das Motiv des antiken Triumphbogens auf und verbindet es mit der ganz unantiken Dekoration aus bunten Steinen. Die karolingischen „Reichsklöster" spielten eine entscheidende Rolle bei jener Kulturbewegung, die meist als „karolingische Renaissance" bezeichnet wird.

Oben: *10* Auf dem Weg nach Italien, in Südtirol südöstlich des Reschenpasses, steht die zur Karolingerzeit erbaute Kirche St. Benedikt in Mals.

Gegenüberliegende Seite: *11* Zur Rechten des Heilands zeigen die Fresken von St. Benedikt in Mals einen Mann mit Schwert, dessen rechteckige Aureole hinter dem Kopf (zum Unterschied vom runden Heiligenschein) ihn als vornehmen Lebenden charakterisiert. So sah ein König der Karolingerzeit bei seinen Alltagsgeschäften aus, zu denen etwa Kirchenstiftungen gehörten. Vielleicht handelt es sich um Karls des Großen Sohn Pippin, der bis zu seinem Tod 810 König in Italien war.

11

Folgende linke Seite: *12* Das berühmte Triklinium-Mosaik ließ Papst Leo III. im Speisesaal des Lateran anbringen, wo er im Dezember 800 Karl den Großen empfing: Es zeigt den heiligen Petrus, der König Karl zu seiner Linken die Fahne als Sinnbild weltlicher Herrschaft überreicht, während Papst Leo zu seiner Rechten kniet. Als Ausdruck päpstlichen Vorranges wurde das Mosaik von späteren Päpsten immer wieder renoviert.

Folgende rechte Seite: *13* Karl der Große in der Vorhalle des Petersdomes: So sah ihn 1725 der Bildhauer Cornacchini. Auf der anderen Seite reitet Kaiser Konstantin, dem man später die Gründung des Kirchenstaates zuschrieb.

SCS PETRVS
DN LEO PP
CARVLO
BEATE PETRE DONAS
VITA LEON PP E BICTU
RIA CARVLO REGI DONAS

31

Oben: *14* Die Engelsburg: Aus dem Grabmal Kaiser Hadrians wurde die stärkste Festung der mittelalterlichen Päpste im unruhigen Rom, in dem sich auch die Kaiser selten lange behaupten konnten.

Gegenüberliegende Seite: *15* Die Milvische Brücke: Pilgerzüge und kaiserliche Heere des Mittelalters überschritten hier vor Rom den Tiber, wo einst Kaiser Konstantin 312 im Zeichen des Kreuzes über seinen Rivalen gesiegt hatte – die Wende zum christlichen Imperium.

17

Vorhergehende Doppelseite: *16* Die Mauern Roms – im Mittelalter viel zu groß für eine Stadt, die viele Herren hatte. Das Medici-Wappen mit den 6 Kugeln, jedem Florenz-Besucher vertraut, brachte der Medici-Papst Pius VI. (1562–1572) an.

Oben und gegenüberliegende Seite: *17, 18* Auf der Tiberinsel in Rom haben sich spärliche Spuren vom kurzen Traum Ottos III. erhalten: An Stelle eines antiken Äskulap-Tempels ließ er um 1000 seinem kurz zuvor verstorbenen Freund, Bischof Adalbert von Prag, eine Kirche erbauen. Später wurde sie nach einer Überschwemmung völlig erneuert; heute heißt sie San Bartolomeo, und nur noch der Kirchturm und der Marmorbrunnen vor dem Hochaltar erinnern an den unglücklichen Stifter.

20

Oben und gegenüberliegende Seite: *19, 20* Ruinen des Imperiums – auf dem Palatin standen die Paläste der Cäsaren, an deren Tradition Otto III. in Rom anknüpfen wollte. Doch die Römer waren weniger begeistert davon, daß ihre Stadt nach über 600 Jahren wieder Residenz des Kaisers werden sollte.

Folgende Seiten: *21, 22* Inmitten der Ruinenlandschaft des Palatin liegt die kleine Kirche San Sebastiano. Hinter dem barocken Hochaltar befinden sich Fresken aus der Zeit um 1000; um sie sichtbar zu machen, wurde statt des barocken Altarbildes eine Glasplatte eingesetzt: Ein reizvolles Spiel mit den Zeitebenen, die sich in den Bauten der Ewigen Stadt wie Sedimente abgelagert haben.

40

23

24

Gegenüberliegende Seite und oben: *23, 24* Italien brachte ihnen höchste Würden und einen schnellen Tod: Der Hofkaplan Ottos III., Brun von Kärnten, wurde 996 als erster Deutscher unter dem Namen Gregor V. Papst. Schon zwei Jahre später mußte der Kaiser ihm den Heiligen Stuhl gewaltsam wieder freikämpfen, und 999 starb er. Auch Otto II. erlag 983 in Rom, achtundzwanzigjährig, der Malaria. Er ist der einzige Kaiser, der in den Katakomben des Vatikan bestattet ist.

25

Oben und gegenüberliegende Seite: *25, 26* Kunst als Propaganda: Das Oratorium des Heiligen Silvester in Santi Quattro Coronati in Rom, einem der Stützpunkte der Päpste in der Stadt. Angebracht wurden sie im 13. Jahrhundert während der Auseinandersetzung der Päpste mit Kaiser Friedrich II. Die Szenen aus dem Leben des Papstes Silvester I. (314–335) sollen demonstrieren, daß schon Kaiser Konstantin den Vorrang des Papstes anerkannte. Auf dem Bild oben sieht man den Kaiser, wie er das Pferd des Papstes am Zügel führt, jener Dienst, den Friedrich Barbarossa so gerne verweigert hätte.

27

Oben: *27* Späte Ehrung für den Papst der Jahrtausendwende: Das Grabmal im Lateran für Silvester II. (Gerbert von Aurillac), den hochgebildeten Berater Ottos III., stifteten die Ungarn 1909 zur Erinnerung an die Krönung Stephans des Heiligen mit der angeblich von Silvester gesandten Stephanskrone (1001). Gerbert nannte sich mit voller Absicht nach dem Papst, der zur Zeit Kaiser Konstantins gelebt hatte, um die Eintracht mit dem Kaisertum zu demonstrieren.

Rechts: *28* Kaiserkrönung aus der Sicht des Papstes: Die Bronzetür für die alte Peterskirche, 1433–1445 vom Florentiner Filarete geschaffen, zeigt unter anderem die Krönung Kaiser Sigismunds am 31. Mai 1433 durch Papst Eugen IV. Erst nach dreivierteljährigen zähen Verhandlungen, während derer Sigismund in Siena festsaß, konnte er die Krönung erreichen.

28

Folgende Doppelseite: *29* Aus den antiken Ruinen wuchsen die Türme, von denen aus verschiedene Adelsgeschlechter das mittelalterliche Rom zu kontrollieren versuchten. In der „Torre delle Milizie“ auf dem Trajansforum mußte sich 1312 Heinrich VII. im Kampf gegen Anhänger des Königs von Neapel verschanzen.

30

Oben und gegenüberliegende Seite: *30, 31* In den erbitterten Straßenkämpfen, die der Kaiserkrönung Heinrichs VII. vorausgingen, starben die zwei deutschen Begleiter des Königs, die in der ehrwürdigen Kirche von Santa Sabina auf dem Aventin bestattet liegen: Abt Ägidius von Varnsperch (oben) und der Ritter Gozo von Husbergen.

Folgende linke Seite: *32* Die „Rota“, eine Porphyrscheibe im Mittelschiff des Petersdomes, bezeichnet jene Stelle, an der zu Weihnachten 800 Karl der Große zum Kaiser gekrönt worden sein soll.

+ ANNO DNI MILLO CCC
XII DIE XVII MENSIS IV
NII OBIIT NOBILIS ARMI
GER GOSO DE NVSBGN
BOTONIA
AIA REQV
CE AMEN

51

TRAUM UND MACHT: DIE OTTONEN

Am Beginn des 10. Jahrhunderts schien Karls großer Plan gescheitert, die Erneuerung des Römischen Reiches sowohl im politischen als auch im kulturellen Sinn hatte einer Zeit der Wirren Platz gemacht. Der Historiker muß sich zwar fragen, ob solche ‚dunklen' Geschichtsepochen nicht zuweilen für die Mehrzahl der Beteiligten erträglicher waren als die sogenannten ‚großen' Zeiten. Doch in diesem Fall hatten wohl die Bewohner des von Ungarn-, Wikinger- und Sarazeneneinfällen, Thronkämpfen und Adelsfehden heimgesuchten Westeuropa kein gutes Leben. Meist entsteht in düsteren Zeiten jedoch Neues, Zukunftsträchtiges. Jene Jahrzehnte, in denen das Karolingerreich endgültig zerbrach, sahen nicht nur die Geburt eines ‚deutschen' Reiches, sondern auch des dazugehörigen Volkes; ebenso begann sich aus dem Westfrankenreich Frankreich zu entwickeln.

Wenige Irrtümer in der Erforschung entlegener Jahrhunderte waren so folgenschwer wie die Gleichsetzung von Germanen und Deutschen. Für die Zeitgenossen hatten Goten oder Vandalen mit den Hunnen mehr gemeinsam als mit den Germanen des Westens; die Deutschen des 19. Jahrhunderts, an der Spitze der große Historiker Felix Dahn, sahen in ihnen ‚deutsche' Eroberer. Noch heutzutage können Bücher über ‚Die ersten Deutschen', die Germanen, in die Bestsellerlisten kommen. Dieses vereinfachte Geschichtsbild eignete sich sehr für politischen Mißbrauch, der nicht ausblieb. Erst die moderne Forschung hat den Prozeß der ‚Ethnogenese', der Bildung eines Volkes, genauer erkundet. Das Ergebnis: Die Völker des heutigen Europa haben sehr verschiedene Ahnen, die erst langsam im Verlauf von Jahrhunderten zu einem Volk zusammengewachsen sind. Das gilt auch für die Deutschen. Schon die Volksnamen zeigen die Widersprüche. „Unter allen Völkernamen Europas nimmt der Name Deutsch, rein sprachlich gesehen, eine Sonderstellung ein. In gewissem Sinn kann man ihn als den jüngsten Völkernamen in Europa bezeichnen", urteilt Leo Weisgerber. Die Deutschen heißen nur in wenigen Fremdsprachen so: Die Franzosen, Spanier und Araber nennen alle Deutschen ‚Alemannen' (Allemands), die Engländer ‚Germanen' (Germans), obwohl sie selbst auch von Germanen abstammen; die Slawen und Ungarn haben die Bezeichnung *nemeci* (oder ähnlich), nach der verbreitetsten Theorie ‚die Stummen' (weil sie nicht ‚Slawisch' sprechen). Der Name der germanischen Franken hingegen ging auf ein romanisches Volk über, die Franzosen. Denn die Franken, die im Westen lebten, übernahmen die aus dem Lateinischen weiterentwickelte Sprache der Mehrheit in ihrem Land. Daneben hieß – und heißt – das Kernland der ‚deutschen' Gebiete, und mit ihm seine Bewohner, ‚Franken'.

Der Name der Deutschen ist einer der wenigen, der eine Sprache bezeichnete, lange bevor er eine politische Bedeutung bekam. Die althochdeutschen Dialekte der Franken, der Bayern usw. nannte man im 9. Jahrhundert ‚lingua theodisca' – ‚Volkssprache'; im Gegensatz zum Latein, das damals im ganzen Abendland Schriftsprache war, und den davon abgeleiteten Sprachen. Das mittellateinische *theodiscus* ist von althochdeutsch *diutisc* abgeleitet, d. h. etwa heidnisch oder völkisch, dem Volke zugehörig. Erst allmählich wurde „theodisci" – Deutsche – zur Sammelbezeichnung der Franken, Bayern, Sachsen und anderen, die im Ostteil des alten Karolingerreiches lebten. Gelehrte stöberten in der klassischen Literatur die Teutonen auf, die im 2. Jahrhundert v. Chr. in Italien einfielen, die ersten Germanen, mit denen die alten Römer direkt zu tun hatten; oft wurde nun ‚Teutoni' als lateinische Übersetzung der ‚Deutschen' gebraucht; allerdings verstand man diese lange nicht als ‚Reichsvolk'. Noch Konrad II. erhob nach dem gescheiterten Rom-Abenteuer Ottos III. nach 1000 die ‚Erneuerung des Frankenreiches' zur Devise. Erst im 11. Jahrhundert sprach man öfters von einem ‚regnum teutonicum', einem deutschen Reich – nach 1070 wurde dieser Begriff im Investiturstreit politisch bedeutsam. Dennoch war das ganze Mittelalter hindurch von ‚deutschen Landen', nicht von einem ‚Deutschland' die Rede. Erst im Spätmittelalter wurde die ‚deutsche Nation' in die offizielle Bezeichnung aufgenommen, freilich nicht im Sinn der modernen Bedeutung von ‚Nation'.
Die deutschen Könige nannten sich nie deutsche Könige; lange trugen sie stolz den Titel ‚rex', König, ohne jede Erklärung, die ja auch eine Beschränkung gewesen wäre. Etwa 1100 kam der Titel ‚König der Römer' auf, der den Inhaber schon vor der Kaiserkrönung als einzigen Anwärter auf diese Würde qualifizierte. Es war eben nicht die Nation, sondern die Tradition, die für die Herrschaft entscheidend war; gerade wenn man sich mit einem universalen Anspruch herumschlug wie im Fall der deutschen Könige. Das Reich des Mittelalters war übernational; 1356 forderte Karl IV. im letzten Kapitel der ‚Goldenen Bulle', in der die Verfassung des Reiches festgelegt wurde, von den Kurfürsten die Kenntnis von Deutsch, Latein, Italienisch und Tschechisch (Französisch sprachen sie wohl ohnehin), „weil diese Sprachen am meisten für den Gebrauch und Bedarf des Heiligen Römischen Reiches angewendet zu werden pflegen und weil in ihnen die wichtigsten Reichsgeschäfte verhandelt werden". Mehrmals bewarben sich Franzosen, Engländer, Spanier um die Würde eines ‚deutschen' Königs; noch im 16. Jahrhundert konkurrierte der in Spanien aufgewachsene Karl V. mit dem französischen König Franz I. um die Krone des Reiches.

All das ist zu beachten, wenn ab nun von deutschen Königen die Rede ist. Denn ab dem 10. Jahrhundert trat die Erinnerung an die Gemeinsamkeit des alten Karolingerreiches zurück, dessen östlicher Reichsteil wurde zur festen Einheit. Mit dem Ende der Karolinger wurde auch deren Erbrecht beseitigt. Das bedeutete zwar keineswegs das Ende verheerender Familienfehden und Erbstreitigkeiten, setzte aber einen endgültigen Schlußstrich unter die Teilungen, die das Aussehen der Landkarte von der Zahl der Söhne – und ihrer Lebensdauer – abhängig gemacht hatten. Von nun an galt das Reich als unteilbar.
Das herabgewirtschaftete Erbe der Karolinger übernahm 911 der ‚letzte Franke' auf dem Königsthron, Konrad I. Seine größte Tat war, glaubt man den Chronisten, seine letzte: Auf dem Totenbett soll er selbst seinen schärfsten Rivalen, den Sachsenherzog Heinrich, zum Nachfolger bestimmt haben; der einzige, dem man zutrauen konnte, mit den mächtigen Herzogen fertig zu werden. Herzoge wie Arnulf ‚der Böse' (wie ihn spätere Geschichtsschreiber nannten) von Bayern regierten in ihrem Land praktisch

wie eigene Könige, und der König hatte, außer seinem eigenen sächsischen Machtgebiet, kaum Mittel in der Hand, sie zu kontrollieren. Dabei hätten die verheerenden Ungarneinfälle gemeinsames Handeln sehr nötig gemacht. In zähen Kämpfen gelang es Heinrich I. dennoch, den Vorrang des Königtums durchzusetzen. Er gewann dem Reich Lothringen im Westen und einige slawische Gebiete im Osten. Das Ansehen, das er genoß, zeigt sich heute noch in einem der ältesten Stücke im Reichsschatz: der ‚Heiligen Lanze' mit einem angeblichen Nagel vom Kreuz Christi. Dieses wundertätige Symbol erwarb der erste Heinrich vom König von Burgund. Am Ende seines Lebens soll er einen Romzug geplant haben; doch gelang es erst seinem Sohn Otto I., gut ein Vierteljahrhundert später, das Kaisertum Karls des Großen wiederzubeleben. Heinrich I. starb 936 und wurde in Quedlinburg, das er gestiftet hatte, beigesetzt.

„In seinen Tagen brach die goldene Zeit an", so berichtet Thietmar von Merseburg, der nach 1000 schrieb, über Otto den Ersten, nicht ohne diesem Satz gleich einen sehr materiellen Sinn zu geben: „Bei uns ward zum erstenmale eine Silberader entdeckt." Nun war der Beginn des Silberbergbaues bei Goslar nur indirekt eine Folge der Regierungstätigkeit des großen Otto. Doch ließ sich für die Zeitgenossen eine gute Regierung durchaus auch an solchen Ereignissen messen. Ein Herrscher, der seinem geistlichen Auftrag, seiner göttlichen Berufung gerecht wurde, förderte schon dadurch das Gemeinwohl. Ebensosehr wie seiner tatsächlichen Macht verdankte er daher seine Stellung seinem Charisma, seiner ‚Ausstrahlung'. Siege auf dem Schlachtfeld, günstige Vorzeichen, sein persönliches Auftreten, gute Ernten und Wohlstand trugen gleichermaßen dazu bei. Titel, Symbole, Zeremonien sollten seine segenbringende Regierung und die Unterstützung, die sie bei allen genoß, augenfällig machen. Eine solche Zeremonie war Ottos Krönung zum König, deren Ablauf uns bei Widukind von Corvey recht ausführlich überliefert ist. Nach dem Tod Heinrichs I., heißt es, „erkor sich das ganze Volk der Franken und Sachsen den schon vorher vom Vater bezeichneten König, seinen Sohn Otto zum Fürsten". Ein scheinbar dürrer Satz wie dieser mag dem Laien selbstverständlich klingen; dem Historiker gibt er wertvolle Aufschlüsse über Wesen und Verfassung des ottonischen Reiches. Was berechtigt Otto, seinem Vater in der Herrschaft nachzufolgen? Die Formulierung Widukinds läßt alle drei Prinzipien des Thronfolgerechts erkennen: Otto ist ein Sohn des Königs (allerdings nicht der älteste, was noch zu Konflikten führen sollte); er ist zudem vom Vater vor dessen Tod als Nachfolger benannt worden; und er wird vom ‚ganzen Volk' gewählt. Die Verschränkung von Erb- und Wahlrecht kennzeichnete das Reich bis zum Ende; „die vom regierenden König selber veranlaßte gebundene Erbwahl wurde die Rechtsform, in der sich das Geblütsrecht einer neuen Dynastie durchsetzen konnte", schreibt Theodor Schieffer. Nicht einmal den Habsburgern gelang es völlig, das Wahlprinzip auszuschalten und das Kaisertum zu einer Erbmonarchie zu machen. Unter der Wahl des Herrschers darf man sich freilich keine Wahl im modernen Sinn vorstellen, auch wenn Widukind vom „ganzen Volk" spricht. Das ‚ganze Volk' im frühmittelalterlichen Sinn umfaßte nur jene, die durch Teilnahme an den Kriegszügen und Hoftagen zur Mitsprache berechtigt waren; die Wendung soll betonen, daß keine Gegenstimme laut wurde. Als ‚Reichsvolk' galten dabei Franken und Sachsen; von ‚Deutschen' ist hier noch keine Rede. Wie die Wahl ablief, schildert Widukind folgendermaßen:

„Als Ort für die allgemeine Wahl bestimmte man die Pfalz von Aachen . . . Nach der Ankunft dort versammelten sich die Herzöge und die vornehmsten Grafen mit der Schar der führenden Krieger in dem Säulenhof, der an die Kirche Karls des Großen angrenzt. Sie setzten den neuen Herrscher auf einen hier errichteten Thron, reichten ihm die Hände, gelobten ihm Treue und Hilfe gegen alle Feinde und machten ihn so nach ihrem Brauch zum König. Während die Herzöge und übrigen Würdenträger das taten, erwartete der Kirchenfürst (Erzbischof Hildebert von Mainz) mit der ganzen Priesterschaft und allem Volk unten in der Kirche den Einzug des neuen Königs." Der Erzbischof führte Otto nun in die Pfalzkapelle. „Er schritt bis in die Mitte des Heiligtums und blieb dort stehen. Dann wandte er sich zu dem Volk, das im Umkreis stand; denn in dieser Kirche, die rund gebaut ist, waren oben und unten Säulengänge. Er stand so, daß er von allem Volk gesehen werden konnte, und rief: ‚Seht, hier führe ich zu euch den von Gott erwählten, früher vom Reichsherrn Heinrich bezeichneten und jetzt von allen Fürsten zum König gemachten Otto. Wenn ihr dieser Wahl zustimmt, so hebt zum Zeichen dafür die Rechte zum Himmel!' Darauf hob das ganze Volk die Rechte in die Höhe und wünschte mit kräftigem Zuruf dem neuen Herrscher Glück."

Die Wahl ist also eine doppelte: Die Fürsten und die Mächtigsten setzen den neuen König im Hof auf einen Thron und versprechen ihm Treue; eine uralte Form der Königserhebung, wie sie in früheren Zeiten bei einer Heeresversammlung auf freiem Feld gebraucht wurde. Traditionell ist auch die folgende Akklamation durch das ‚Volk', also das Heer; daß sie nun in der Kirche stattfindet und vom Erzbischof veranlaßt wird, ist ein Kompromiß zwischen Adel und Klerus und zeigt den zunehmenden Einfluß der Kirche auf das ‚christliche' Königtum. Die endgültige Form dieses Interessenausgleichs wurde erst im Spätmittelalter gefunden, als drei geistliche und vier weltliche Kurfürsten allein wahlberechtigt wurden. Konflikte gab es freilich auch unter den Bischöfen, wie Widukind anschließend erzählt; die Bischöfe von Trier und Köln hatten beide das Vorrecht beansprucht, den König weihen zu dürfen, doch hatten sie sich schließlich auf den wegen seiner Weisheit hochangesehenen Mainzer Erzbischof Hildebert geeinigt. Dieser schritt nun „mit dem König, der ein eng anliegendes Gewand nach Frankenart trug, hinter den Altar, auf dem die königlichen Herrschaftszeichen lagen, das Schwert mit dem Wehrgehenk, der Mantel mit den Armspangen, der Stab mit dem Zepter und die Krone." Eines nach dem anderen überreichte er dem König diese Symbole, indem er ihn an die damit verbundenen Pflichten erinnerte. Das Schwert verpflichtete ihn zum Krieg gegen „die barbarischen Heiden und die schlechten Christen"; der Mantel, der ihm angelegt wurde, gemahnte an Glaubenseifer und Friedenswahrung; bei der Übergabe von Zepter und Stab erwähnte der Erzbischof die Fürsorge für die Untertanen, vor allem Kleriker, Witwen und Waisen. Schließlich wurde er von den beiden Erzbischöfen von Köln und Mainz „mit heiligem Öl gesalbt und mit der goldenen Krone gekrönt" und über Wendeltreppen zum Thron Karls des Großen geführt. „Der Thron war zwischen zwei wunderschönen Marmorsäulen so aufgestellt, daß Otto dort alle sehen und von allen gesehen werden konnte."

Durch die Krönung in Aachen und die Verwendung des Karlsthrons (die Untersuchung der Holzteile hat gezeigt, daß die geschichtsträchtige Sitzgelegenheit zu diesem Zweck neu adaptiert wurde) schloß Otto bewußt an die karolingische Tradition an. Es war gerade acht Jahre her, daß Lothringen, zu dem Aachen damals gehörte, und damit dieser „vornehmste Königssitz diesseits der Alpen", wie eine Urkunde Ottos I. Aachen nennt, für das Ostreich gewonnen worden war. Die Verbundenheit der Herzogtümer, die damals noch eine sehr starke Stellung besaßen, sollte der dritte Teil der Krönungsfeierlichkeiten demonstrieren: das Festmahl, das nach der Krönungsmesse in der Pfalz abgehalten wurde. Otto „trat zu dem Marmortisch, der mit königlichem Prunk gedeckt war, und setzte sich mit den Erzbischöfen und allem Volk;

die Herzöge taten Tischdienst. Der Lothringerherzog Giselbert, zu dessen Machtbereich Aachen gehörte, hatte (als Kämmerer) die Oberaufsicht; Eberhard (der Frankenherzog, als Truchseß) besorgte den Tisch, Hermann der Franke (der Schwabenherzog) überwachte die Schenken, Arnulf (der Bayernherzog, als Marschall) sorgte für die Reiterschaft und für Wahl und Absteckung des Lagers . . . Der König aber beehrte danach jeden Fürsten in königlicher Freigebigkeit mit einem angemessenen Geschenk und entließ die Menge höchst leutselig." Auch das Mahl hatte durchaus rituelle Bedeutung und demonstrierte die Verbundenheit der Teilnehmer; indem die Herzoge der vier anderen Herzogtümer für den König, der aus dem fünften stammte, die höchsten Hofämter versahen, machten sie die Einheit des Reiches augenfällig und überspielten die Vorbehalte, die sie gegen das ottonische Königtum hegen mochten. Die gelungene Regie an diesem 7. August 936, den Percy Ernst Schramm den ersten glücklichen Tag in der deutschen Geschichte nannte, manifestierte den Traum vom Reich: verrechtlichte Macht, verchristlichte Herrschaft, gebunden im Konsens ihrer Träger. Doch die große Inszenierung überdeckte nur die Konflikte der Mächtigen, die sich bald entladen sollten. In diesem Zwiespalt von Traum und Macht blieb das Reich befangen.

In den Jahren 938/39 hatte Otto I. die erste schwere Belastungsprobe seiner Herrschaft zu bestehen: Seine Brüder Thankmar und Heinrich, die Herzoge von Bayern, Franken und Lothringen erhoben sich. Den älteren Halbbruder Thankmar, von seinen Anhängern verlassen, töteten Gefolgsleute Ottos gegen alles Gesetz am Altar der Kirche, in der er Zuflucht gesucht hatte; Heinrich unterwarf sich, und die Hilfe des Schwabenherzogs gewann dem König die Schlacht bei Andernach, in der die Herzoge von Franken und Bayern fielen, nur drei Jahre, nachdem man an der Tafel zu Aachen Eintracht demonstriert hatte.
In den folgenden Jahren versuchte Otto die Herzogtümer unter Kontrolle zu bekommen, indem er sie in die Familie holte: Bayern erhielt der Bruder Heinrich, Schwaben der Sohn Liudolf, und dem Herzog von Lothringen gab er eine Tochter zur Frau. So abgesichert, griff er eine weitere karolingische Tradition auf und zog 951 erstmals nach Italien; es gelang ihm, das langobardisch-italische Königtum zu erwerben, das Kaisertum blieb noch außer seiner Reichweite. Bald nach seiner Rückkehr mußte er die Erfahrung machen, daß auch engste Verwandtschaft das Spiel um die Macht nicht im Zaum zu halten vermochte: Das Reich war eben nicht als Familienbetrieb zu führen. Sein eigener Sohn und Thronfolger Liudolf empörte sich, unterstützt von seinem lothringischen Schwiegersohn Konrad ‚dem Roten' und dem Mainzer Erzbischof. Die Krise verschärfte sich durch einen Ungarneinfall; die ‚heidnische' Bedrohung spielte allerdings beim Entschluß der Rebellen mit, zurückzustecken. 955 errang Otto auf dem Lechfeld bei Augsburg den entscheidenden Sieg über die Magyaren; gerade Konrad verlor dabei das Leben. Der Triumph dämpfte die letzten Funken der Rebellion. Das Heer, so erzählt Widukind, ernannte den König zum Vater des Vaterlandes und zum Imperator. Für den Sachsen, wie für viele seiner Zeitgenossen, war der Sieg über die Heiden der Schlüssel zu Ottos Kaisertum, nicht erst die Krönung durch den Papst. Diese Auffassung stand dem antiken Kaisertum viel näher als die verkirchlichte Reichsidee, die sich in der Folge durchsetzen sollte. Der spätantike Gedanke, daß das siegreiche Heer den Kaiser macht, war aber nicht tragfähig genug; ein Kaisertum, das allein auf dem spektakulären militärischen Erfolg beruhte, konnte kaum die allgemeine Anerkennung finden, die sich Otto I. – wie seine Nachfolger – erwartete.

Alle Wege zum Kaisertum führten daher nach Rom. Dort ergab sich nicht wie einst für Karl den Großen alles von selbst. Die Ewige Stadt wurde von einigen Adelsfamilien beherrscht; ein gewisser Alberich führte als ‚Fürst und Senator' das Regiment, meistens auch über die Päpste. Die Epoche gilt als düsterste Zeit des Papsttums; kaum einer der Päpste des 10. Jahrhunderts starb eines natürlichen Todes, genauso wie kaum einer mit sauberen Händen das Pontifikat erlangte. Doch die Historiker erheben einen noch viel schlimmeren Vorwurf: Hinter all dem steckten Frauen, etwa Alberichs Mutter Marozia und ihre Nichte gleichen Namens, die beträchtlichen Einfluß genossen. Der Begriff ‚Pornokratie', der sich bis heute in der Literatur hält, verrät auch viel über das Geschichtsbild, das dahinter steht: Wenn sich einmal Frauen an den Schandtaten der Männer beteiligen, löst das Entrüstung gerade bei jenen aus, die sonst auch das furchtbarste Gemetzel als Sternstunde darstellen können. Diese Auffassung freilich entspricht durchaus derjenigen der Geschichtsschreiber des 9. oder 10. Jahrhunderts. Frauen, die sich zu sehr in die Politik einmischen, haben keine gute Presse; das gilt sogar für Ottos sonst angesehene Gemahlin Adelheid, der der Aufstand ihres Stiefsohnes Liudolf angelastet wird, ebenso wie einst die Frau Karls des Großen, Fastrada, als ‚böse Stiefmutter' Pippin den Buckligen in die Empörung getrieben haben soll. Es ist deshalb kein Wunder, daß Kaiserin Theophanu als Vormund ihres Sohnes Otto III. sich in Urkunden gelegentlich ‚Kaiser Theophanius' nannte.
Im Jahr, als Otto I. am Lech die Ungarn schlug, erzwang in Rom Fürst Alberich die Wahl seines Sohnes zum Papst. Es ist eine historische Ironie, daß dieser ‚Gründer wider Willen' des ottonischen Kaiserreiches wie einst der große Augustus Octavian hieß; als Papst allerdings nahm er den viel christlicheren Namen Johannes XII. an, ein Beispiel, das Schule machte. Weder Name noch Amt bewogen ihn allerdings zur Aufgabe seiner Lebensführung, in der seine zahlreichen Mätressen die Hauptrolle spielten. Dennoch benötigte Otto I. seine geistliche Autorität zur Wiedererrichtung des Kaisertums. Der König benützte einen Hilferuf des Papstes, um nach Italien zu marschieren; nach einigen Kämpfen im Norden und nicht ohne Scharmützel mit feindlichen Stadtbewohnern zog er Ende 961 in Rom ein und schlug sein Lager am Monte Mario auf. Papst Johannes empfing den hohen Gast ohne Begeisterung. Doch einigte man sich auf ein politisches Geschäft, das beiden Partnern Vorteile brachte. Am 2. Februar 962 konnte sich Otto zum Kaiser weihen lassen. Die zeitgenössischen Quellen machen von der Sache wenig Aufhebens; erst die Nachwelt sah darin einen Gründungsakt von welthistorischer Bedeutung. Das einzige, was Thietmar von Merseburg über die Zeremonie zu berichten weiß, zeigt die Atmosphäre des Mißtrauens und der Feindseligkeit, die den historischen Tag überschattete. Otto hatte den jungen Grafensohn Ansfrid zu seinem Schwertträger gemacht. Beim Einzug nach Rom, so erinnerte sich dieser später, sprach der König zu ihm: „Wenn ich heute an der Schwelle der Apostel beten werde, halte du ständig das Schwert über mein Haupt! Denn ich weiß wohl um die unseren Vorgängern oft recht gefährliche römische Treue. Geh später beten auf den Monte Mario, soviel du willst!" Die Vorsicht machte sich bezahlt, der Tag verlief offenbar ohne Zwischenfälle. Elf Tage später erfüllte der Kaiser auch seine Verpflichtung dem Papst gegenüber. In einem feierlichen Privileg, dem sogenannten Ottonianum, bestätigte er die ‚Pippinsche Schenkung' und die Rechte der römischen Kirche, nicht ohne sich ein Mitwirkungsrecht bei der Papstwahl vorzubehalten. Die Prunkausfertigung mit Goldschrift auf Purpurpergament ist heute noch im Vatikanischen Archiv erhalten. Der Papst revanchierte sich am nächsten Tag noch, indem er einen Herzenswunsch des Kaisers erfüllte: die Erhebung Magdeburgs zum Erzbistum, die freilich erst 968 endgültig wurde.

Magdeburg war einer jener Stützpunkte an der Ostgrenze, von dem aus Unterwerfung und Mission der Slawen vorangetrieben wurden – beides unverzichtbare Pfeiler der expansiven Ostpolitik, die auch Otto der Große betrieb. Dem König gaben seine Eroberungen im Osten die Mittel in die Hand, Anhänger zu belohnen; Adel und Kirche bekamen neue Untertanen und damit neue Einkünfte. In Magdeburg, wo Otto ein Mauricius-Kloster gegründet hatte, sollte das kirchliche Oberhaupt der Ostgebiete residieren. Wie einst Karl nach Aachen, ließ Otto „kostbaren Marmor, Gold und Edelsteine" zur Ausstattung herbeischaffen. Er war besonders bemüht, ‚Souvenirs' von Heiligen für seine Gründung zu erwerben, um ihr Ansehen zu erhöhen; „in alle Säulenkapitelle befahl er sorgsam Heiligenreliquien einzuschließen". Um Magdeburg zum Erzbistum erheben zu können, benötigte er päpstliche Hilfe. 968 ließ sich dieses Vorhaben, gegen den Widerstand anderer deutscher Bischöfe, endlich realisieren; freilich nicht, wie Otto gewünscht hatte, ohne Abgrenzung nach Osten hin, sondern beschränkt auf jene slawischen Gebiete, die der Kaiser bis dato unterworfen hatte. In ‚seinem' Erzbistum wurde Ottos sterbliche Hülle nach seinem Tod auch bestattet, bis auf die Eingeweide, die in Memleben beigesetzt wurden.
Schon im Jahr nach Ottos Kaiserkrönung drehte sich in Rom das Intrigenkarussell weiter; Johannes XII. empörte sich gegen den Kaiser, die Römer gegen ihn; der Kaiser ließ einen neuen Papst wählen, der ebenfalls vertrieben wurde; Otto blieb jedenfalls noch einige Jahre damit beschäftigt, in Italien in seinem Sinn Ordnung zu schaffen. Trotz der widrigen Umstände betrieb er europäische Politik; „es gab kein Land in Europa, in das er nicht politisch und vielfach auch kulturell bedeutsam und folgenreich eingegriffen hätte", faßt Leo Santifaller zusammen. Das entsprach der Auffassung des Kaisertums als einer Art Oberkönigtum über die abendländischen Völker. Berühmt geworden ist die Gesandtschaft Liutprands von Cremona zu Kaiser Nikephoros nach Byzanz im Jahr 968; sein Bericht, der erhalten ist, zählt zu den wertvollsten Quellen jener Zeit. Der italienische Bischof nimmt sich darin kein Blatt vor den Mund; die Lobgesänge der Höflinge auf den Kaiser des Ostens kommentiert er bissig: „Viel zutreffender wäre es gewesen, wenn sie gesungen hätten: Komm, du ausgeglühte Kohle, mit dem Gang einer Vettel und dem Gesicht eines Waldschrats, du Bauernstrolch, du Bocksfuß mit Hörnern, du borstiger Zwitter, du dummer Bauer, du plumper Barbar, du zottiger Aufrührer aus Kappadokien!" Wenig freundlicher ist des Nikephoros Urteil über die Leute Ottos: „Ihr Gott ist der Bauch, ihr Mut liegt im Rausch, ihre Stärke ist die Trunkenheit." Trotz dieser gegenseitigen Schmeicheleien kam es in jenen Jahren erstmals zu einer politisch bedeutsamen Verbindung der beiden kaiserlichen ‚Brüder': Ottos Sohn Otto II. ehelichte, trotz mancher Widerstände, 972 die byzantinische Prinzessin Theophanu. Im Westen konnte man das als Anerkennung der Gleichrangigkeit des ‚neuen' Kaisers durch den alten werten.
Zu Ostern 973 hielt Otto I. seinen letzten Hoftag zu Quedlinburg ab. Hier kamen, wenige Wochen vor seinem Tod, Gesandte aus ganz Europa zusammen. „Es war einer der wenigen Augenblicke in der keineswegs immer von Glück überstrahlten Reichsgeschichte, die das romantische Bild vom mittelalterlichen Kaisertum legitimieren können", schrieb genau ein Jahrtausend nach Ottos Tod fast wehmütig Theodor Schieffer. Tatsächlich blieben die beiden gleichnamigen Nachfolger des großen Sachsenkaisers viel weniger vom Glück begünstigt. Der achtzehnjährige Otto II. hatte wiederum eine Reihe von Familienkonflikten zu bestehen, besonders mit seinem Vetter, dem Bayernherzog Heinrich ‚dem Zänker'. Zu seinem Schicksal aber wurde Italien. Mit einem für damalige Verhältnisse riesigen Heer von über 2000 Rittern zog der junge König in Süditalien gegen die Sarazenen, wo er nach anfänglichen Erfolgen

im brütend-heißen Juli 982 bei Crotone in Kalabrien eine furchtbare Niederlage erlitt. Noch im selben Jahr erlag der junge Kaiser in Rom der Malaria.
Sein Sohn Otto III. war damals erst drei Jahre alt. Um das eben gekrönte königliche Kleinkind gab es einen handfesten Krach: Heinrich ‚der Zänker' als nächster männlicher Anverwandter bemächtigte sich des jungen Königs, doch als er sich selbst krönen ließ, zwang man ihn zur Herausgabe des Kindes. Nun führten die beiden Kaiserinnen, zuerst die Mutter Theophanu und nach deren Tod die Großmutter Adelheid, die vormundschaftliche Regierung, von mehreren angesehenen Bischöfen unterstützt. Kaum war Otto III. volljährig geworden, zog er 996 nach Italien. Es gelang ihm, seinen Vetter und Hofkaplan Brun als ersten deutschen Papst durchzusetzen, der ihn daraufhin zum Kaiser krönte.
Dieser Erfolg spornte den jungen Otto, der König gewesen war, seit er denken konnte, zu immer hochfliegenderen Plänen an. Er wollte dort anknüpfen, wo Karl der Große aufgehört hatte. Die ‚Renovatio' des Römerreiches verstand er tatsächlich als Wiedererrichtung einer universellen Herrschaft, deren Zentrum Rom sein sollte: „Unser, unser ist das Römerreich", proklamierte sein gelehrter Berater Gerbert von Aurillac, der als Silvester II. der Papst der Jahrtausendwende wurde. Ottos berühmter und etwas makabrer Besuch im Grab des großen Karl symbolisiert diese Ambitionen. Im Boden der Aachener Pfalzkapelle fand man nach einiger Suche Karls Ruhestätte; „nach Entnahme des goldenen Halskreuzes und eines Teils der noch unvermoderten Gewänder legte man das übrige in tiefer Ehrfurcht wieder hinein", erzählt Thietmar. Aber auch das byzantinische Kaisertum, das ihm durch die Mutter Theophanu vertraut war, nahm er sich zum Vorbild, führte griechische Hofämter ein und saß bei Tisch erhöht, was noch kein abendländischer Kaiser getan hatte. Denkt man an den Gesandtschaftsbericht des Liutprand von Cremona aus Konstantinopel, kann man sich vorstellen, daß solche Ideen bei Ottos Gefolgschaft wenig geschätzt wurden. Mit Staunen, aber auch mit Verachtung beschreibt der Cremonese etwa die Hebevorrichtung, die den Thron des byzantinischen Kaisers vor den Gesandten emporhob und wieder senkte; ein technischer Trick, um die ‚Barbaren' zu beeindrucken.
Im ‚heiligen' Rom hatte Otto III. sich zunächst gar nicht wohl gefühlt: „Daß der Kaiser, der 996 gemeint hatte, das italienische Klima wäre seiner Natur nicht zuträglich, in Rom so schnell heimisch geworden ist, erklärt sich noch aus einem anderen, rein menschlichen Grunde; Brun von Querfurt, der am genauesten gewußt hat, was in Ottos Seele vorging, spielt vorsichtig auf ‚Sünden des jugendlichen Fleisches' an, zu denen der Kaiser durch eine römische Frau verleitet worden sei", meint Percy Ernst Schramm. Doch als Otto in Rom seine Residenz errichtete, stieß der Träumer auf dem Palatin gerade bei den Römern auf Unverständnis. Im Februar 1001 brach ein Aufstand los, Otto mußte sich in der Engelsburg verschanzen. Von den Zinnen aus hielt er den Aufständischen eine pathetische Rede: „Seid ihr es, die ich meine Römer nannte? Hab' ich doch euretwegen mein Vaterland, meine Nächsten verlassen!" Der hochtönende Appell hatte vorübergehenden Erfolg, zwei der Rädelsführer wurden an ihn ausgeliefert. Doch schließlich mußte er sich aus Rom zurückziehen. Mehr als die Niederlage schmerzte ihn, daß ihm das geliebte Rom sein ‚unsägliches Wohlwollen' so vergalt. „Äußerlich gab er sich zwar stets heiter; heimlich aber seufzte sein Gewissen ob zahlreicher Vergehen, die er unablässig in stiller Nacht durch Wachen, inniges Gebet und Ströme von Tränen zu sühnen versuchte". Der hochbegabte, aber sensible junge Mann auf dem Kaiserthron hatte keine Zeit mehr, seine imperialen Träume doch noch zu erzwingen. Am 24. Jänner 1002 erlag er, gerade 21jährig, vor Rom der Malaria, jener unerbittlichen Feindin der Kaiserpolitik.

Vorhergehende rechte Seite: *33* In der Krypta der Stiftskirche von Quedlinburg, dem einzigen Bauteil, der dort aus seiner Zeit erhalten ist, liegt das Grab König Heinrichs I. (919–936); die Gebeine sind verschwunden.

Gegenüberliegende Seite: *34* Die Auffahrt auf den Quedlinburger Schloßberg – hier, an der Ostgrenze seines Reiches, richtete der erste sächsische König ein kirchliches Zentrum ein.

Unten: *35* An Heinrich I. knüpften sich in Quedlinburg bald Legenden: im „Finkenherd“ soll ihm beim Vogelstellen von den deutschen Fürsten die Krone angeboten worden sein – ein antikes Motiv in deutscher Verkleidung.

35

36

Oben: *36* Auch nach Heinrich I. blieb Quedlinburg noch eine Weile eines der Zentren der sächsischen „Reisekönige“. Otto I. hielt hier große Reichstage ab. Um 1100 wurde die große Stiftskirche errichtet.

Gegenüberliegende Seite: *37* Reiterstatue Ottos I. auf dem Altmarkt in Magdeburg; es handelt sich um eine Bronzekopie der um 1240 geschaffenen Sandsteinplastik.

37

38

38 Das Herrscherpaar – eine Plastik des 13. Jahrhunderts im Magdeburger Dom. Vielleicht handelt es sich um Otto I. und seine englische Frau Edith; doch stellte man damals ohnehin nicht das Individuum, sondern den Typus des Herrschers dar.

39

39 Missionszentrum Magdeburg –
hinten die Türme des von Otto I. gegründeten Mauritius-Domes,
vorne das Liebfrauenkloster.

40

Oben: *40* Wie der große Karl, ließ auch Otto I. für „seine“ Kirche Säulen aus Italien in den Norden schaffen. Nicht als Stütze, sondern zur Zier: fast ein Gleichnis für sein Kaisertum, das seine Herrschaft nicht begründete, aber ihr Glanz verlieh.

Gegenüberliegende Seite: *41* Das schmucklose Grab im Magdeburger Dom, in dem Otto der Große 973 bestattet wurde. Durch die Stiftung des Klosters, Einrichtung des Erzbistums und Förderung der Mission hatte er sich hier die größten Verdienste für das Jenseits erworben, hier wollte er auch begraben sein.

69

Unten und gegenüberliegende Seite: *42, 43* Die unvergessene Königin – schon 946, 27 Jahre vor ihrem Gemahl, starb die erste Frau Ottos des Großen, die angelsächsische Königstochter Edith. Ein halbes Jahrhundert später errichtete man ihr im Chor des Magdeburger Doms ein prunkvolles spätgotisches Grabmal.

42

44

44 Der romanische Kreuzgang des Magdeburger Domes – immer noch eine Stätte der Besinnung.

III. DIE ZEICHEN DES REICHES: SYMBOLE UND IHRE SPRACHE

Woran man einen König erkennt, weiß selbst heute noch jedes Schulkind. Krone und Thron, Mantel und Zepter zeichnen ihn aus. Manchem mögen noch Reichsapfel oder Reichsschwert einfallen. Wer in die 1987 endlich neu eröffnete Wiener Schatzkammer geht, wird dort noch eine Reihe weiterer kostbarer Objekte finden, mit denen sich das abendländische Kaisertum umgab. Jedes von ihnen hat eine eigene Geschichte, zu der auch eine Geschichte der Bedeutungen gehört. Denn der mittelalterliche Herrscher trug seine Staatstheorie bei festlichen Anlässen sozusagen zur Schau, demonstrierte seine Herrschaft, ihre Begründung, ihre Ziele, ihre Legitimation durch eine oft bis ins einzelne ausgefeilte Zeichensprache, die durch ein damit verbundenes Zeremoniell wirksam wurde. Eine Zeit, in der das geschriebene Wort nur eine sehr beschränkte Wirkung hatte, mußte umso mehr durch das Bild, durch die Handlung sprechen. Überreste davon haben sich bis heute erhalten; es genügt, sich zu vergegenwärtigen, was das Kruzifix, die Hostie, die Meßfeier in der christlichen Liturgie für eine Rolle spielen. Auch die ‚weltliche' Macht hatte im Mittelalter ihre eigene ‚Liturgie', ihre Symbole, ihr ‚Allerheiligstes'.

Daß Herrschaft etwas Geheiligtes, der Alltagssphäre Enthobenes war, ist nicht erst eine christliche Erscheinung. Die spätantiken Imperatoren ließen sich durch einen eigenen Kaiserkult neben die Götter stellen. Die germanischen Königsgeschlechter, etwa die gotischen Amaler oder die fränkischen Merowinger, leiteten sich von göttlichen Ahnen her; das germanische ‚Sakralkönigtum' verlieh seinem Träger zugleich eine quasi priesterliche Stellung. Die Steppenvölker, Hunnen, Awaren oder Bulgaren, betrachteten ihre Herrscher als vom Himmel eingesetzt.

Die schrittweise Verchristlichung führte zur Vorstellung einer Herrschaft ‚von Gottes Gnaden'; diese Formel – ‚gratia dei', oder ähnlich – findet sich seit den ersten Karolingerkönigen in den meisten Herrschertiteln. Vorbilder des mittelalterlichen Kaisertums wurden der biblische König David und der erste christliche Kaiser Konstantin, in die man die mittelalterlichen Herrschertugenden projizierte. Das bedeutete gar keine grundsätzliche Veränderung der uralten Vorstellung vom ‚Königsheil', vom Charisma des Königs, von der besonderen Ausstrahlung und Wirkung seiner Taten. Das ganze Mittelalter hindurch hielt, ja verstärkte sich etwa die für uns fast ketzerisch wirkende Vorstellung vom wundertätigen König: Vom ‚rex thaumaturgos' erwartete man, ebenso wie von Heiligen und ihren Reliquien, daß er Wunder tun und Krankheiten durch bloße Berührung heilen konnte. Der geistige, ja geistliche Bereich war eben eng mit der materiellen Ebene verflochten; auch weltliches Geschick, ja brutaler

Machteinsatz und göttliche Fürsorge wurden im Fall des Erfolges durchaus nicht voneinander getrennt. Der Erfolg heiligte ganz buchstäblich die Mittel, auch wenn der Grat zwischen Gottgefälligkeit und Frevel oft recht schmal war. Denn der Erfolg allein genügte nicht; es mußte auch demonstriert werden, daß die Weltordnung dadurch nicht gestört, sondern bestätigt worden war, daß bei aller oft dabei angewandten Brutalität der Richtige obsiegt hatte. Das zu zeigen, dafür standen dem Herrscher materielle wie symbolische Möglichkeiten zur Verfügung.

Einer der Schnittpunkte der materiellen wie der geistigen Ebene der Herrschaftsbehauptung war der Schatz, der Königshort. Schon in der germanischen Überlieferung war der Hort viel mehr als eine bloße Anhäufung von Reichtümern; er drückte sozusagen die Identität, das Selbstbewußtsein eines Volkes oder Reiches aus. „Letzten Endes bezog das ganze Volk seinen Ruhm aus den Reichtümern, die sich um den König sammelten", beschreibt Georges Duby frühmittelalterliche Verhältnisse. Dem Königshort wohnte eine magische Kraft inne, die über die Prachtentfaltung eines Herrschers auch seinen Untertanen zugänglich wurde. Dabei ging es weniger um Reichtum, wie wir ihn verstehen, um konsumierbaren Luxus, sondern um Prestige; denn der Krieger des früheren wie der Ritter des späteren Mittelalters strebten in der Regel nach Ehre, nach Prestige und nicht bloß nach Geldeswert. Manches von dem, was sich im Schatz des Herrschers sammelte, gab er als Geschenk weiter, um seine Gefolgsleute an sich zu binden; anderes, Unveräußerliches wurde im engeren Sinn zum Symbol, zum Kennzeichen seiner Herrschaft. Wenn er Krone oder Zepter trug, Reichsschwert oder Lanze führte, so hob er sich damit einerseits vor allen anderen hervor; auf der anderen Seite trug er all das sozusagen stellvertretend für das ganze Reich, das sich in diesen Gegenständen wiedererkennen sollte. „Es ist wichtig, daß Gold und Edelsteine seine Gestalt mit Glanz umgeben und den Blicken beweisen, welch wundertätiger Geist ihn durchdringt", schreibt Duby über den König. Daß dieser Glanz nicht bloß äußerlich war, stellt Herwig Wolfram fest: „Heute versteht man ‚Glanz' als ‚bloße' Erscheinung und Zurschaustellung barbarischen Prunkes, hinter dem man oft eine schreckliche Wirklichkeit vermutet. Im Hochmittelalter deutete man hingegen den sinnlich wahrnehmbaren Edelsteinglanz als ‚splendor misticus', der Aufschluß gab über den Zustand des Reiches." Dieser Glanz konnte für den mittelalterlichen Betrachter „weder Täuschung noch Betrug sein, sondern die Darstellung und der Beweis für die ‚rechte' Herrschaft, für eine durch Gerechtigkeit und Demut vor Gott und den Menschen geordnete und beschränkte staatliche Gewalt". Die Reichskleinodien waren nicht nur Zeichen des Reiches; in gewissem Sinn waren sie das Reich, so daß man anläßlich ihrer Übergabe an Karl IV. sagen konnte: die Kleinodien, „quem imperium dicuntur", welche man das Reich nennt.

In der Übergabeurkunde vom 12. März 1350 sind die „heiligtum und cleynot des heiligen reichs" aufgezählt: „eyn weysser rok sent karls, an den armen geworcht mit edelem gesteyne, und mit perlen; eyn roter mantel sent karls mit cweyen lewen geworcht von gutem gesteyne perlen und golde" – der sizilianische Krönungsmantel, den Friedrich II. ein Jahrhundert zuvor in den Reichsschatz eingebracht hatte, wurde also wie vieles andere dem ‚heiligen' Karl dem Großen zugeschrieben. Ferner „cweyne seyner hantschuch mit gesteyne, mit perlen und mit golde, eyn blawer rok, geworcht an den armen mit golde und mit perlen, eyn ander braun rok mit swarczen adelarn", all das noch heute in der Wiener Schatzkammer zu besichtigen, und weitere kostbare Kleidungsstücke. Dazu kamen natürlich Krone, Heilige Lanze und die anderen „keyserlichen zeychen". Bis dahin war der Schatz auf Burg Trifels in der rheinischen Pfalz aufbewahrt worden. Für Karl IV. waren diese Kostbarkeiten mehr

als Herrschaftszeichen: Wie kein Herrscher vor ihm, verehrte er sie als Reliquien, als Heiligtümer des Reiches. Auf Burg Karlstein bei Prag versuchte er ihnen einen würdigen Rahmen zu geben; in der dortigen, prunkvoll ausgestatteten Heilig-Kreuz-Kapelle ruhten sie in einer Atmosphäre mystischer Frömmigkeit. Einmal jährlich wurden die ‚Heiltümer' zur allgemeinen Verehrung ausgestellt.
Vom Heiligen Kreuz zum Heiligen Geist: 1423/24 ließ König Sigismund die Kleinodien aus dem von Hussitenaufständen erschütterten Böhmen nach Nürnberg bringen und dem Rat der Reichsstadt zur Aufbewahrung übergeben. In der Kirche des Heiligen Geist-Spitals lagen sie fast 400 Jahre; Gewänder und Insignien in einem Gewölbe über der Sakristei, die Reliquien – im engeren Sinn – in einer silberbeschlagenen Truhe über dem Altar. Albrecht Dürer durfte sie 1510 zeichnen; er skizzierte auch Karl den Großen, das Urbild des Herrschers, wie man ihn sich damals vorstellte, mit Reichskrone, Zeremonienschwert und Reichsapfel, in den roten Krönungsmantel gehüllt. Häufig waren Reparaturen vonnöten. Im Mittelalter verhinderte die Ehrfurcht vor den ‚Zeichen des Reiches' keineswegs, daß man dabei auch Änderungen vornahm; der Schatz war ja keine tote Sammlung, sondern lebte mit der Geschichte, veränderte sich, wurde ergänzt und vereinheitlicht. Zudem machte der Gebrauch mit allen Strapazen den ehrwürdigen Textilien zu schaffen. Noch vor der Krönung Josephs II. mußte eine ‚hochnoethige Haupt-Reparatur' durchgeführt werden, die nicht verhindern konnte, daß im folgenden Jahr an den ‚von Franckfurth' – dem Schauplatz der Krönung – „zimblich beschaedigt zurückgekommenen kayserlichen Ornats" weitere Näharbeiten notwendig wurden.
1796 war der Schatz des ohnmächtig gewordenen Reiches wieder auf der Flucht: Vor den Truppen Napoleons wurde er nach Wien überführt. Hier bewahrten ihn die Habsburger nach dem Ende des Reiches weiter auf, und nach 1918 wurde die kleine Republik zum Erben der Schatzkammer des einstigen Universalreiches – sozusagen Strandgut der Geschichte. Aachen, mittelalterliche Krönungsstadt, behauptet ein älteres Anrecht darauf zu haben, doch der Rechtsstreit ist nicht zu entscheiden; ebensosehr haben Rom, Palermo, Prag, Nürnberg, Frankfurt in der Geschichte der Reichsinsignien eine Rolle gespielt. Und all jenen, die sich darauf beriefen, Nachfolger des Reiches zu sein, dessen Zeichen sie einst waren, hat das wenig Glück gebracht. Das österreichische Kaisertum der Habsburger behauptete sich gerade ein Jahrhundert, das ‚zweite' deutsche Kaiserreich nicht einmal ein halbes, und was aus Hitlers ‚tausendjährigem' Dritten Reich wurde, ist bekannt. Nun sind die Reichskleinodien, mit denen der Nationalsozialismus noch einmal Politik gemacht hatte, endgültig Museumsstücke geworden. In der neueröffneten Wiener Schatzkammer harren sie erdbebengesichert auf mehr oder weniger verständige Besucher aus aller Welt.

Die Nachwelt brachte die wesentlichen Stücke des Reichsschatzes mit Karl dem Großen in Verbindung. In Wirklichkeit geht kaum etwas davon auf ihn zurück. Karolingisch ist wohl die Stephansbursa, der mit Goldblech beschlagene und reich mit Edelsteinen verzierte Reliquienbehälter in Form einer Pilgertasche. Angeblich soll er einst die mit dem Blut des Märtyrers Stephan getränkte Erde enthalten haben; doch nun ist er leer, bis auf ein unscheinbares Stoffrestchen. Immerhin bescheinigt sogar diesem unscheinbaren Fetzchen ein Siegel des 12. Jahrhunderts die Bedeutung als Reliquie; was es einst bedeutete, wissen wir nicht. Auch die genaue Herkunft der Stephansbursa ist unbekannt; die Kunsthistoriker können sie ins erste Drittel des 9. Jahrhunderts datieren.

Ebenfalls aus der Karolingerzeit, aber von ungewisserer Herkunft ist die Heilige

Lanze. Bezeugt ist sie erstmals im 10. Jahrhundert. Laut Liutprand von Cremona kam das „Kleinod, durch welches Gott das Irdische mit dem Himmlischen verknüpft", in Italien an König Rudolf von Burgund, der es schließlich dem deutschen König Heinrich I. schenkte. Sein Sohn Otto I. ließ sie 955 in der Lechfeld-Schlacht gegen die Ungarn vorantragen; der glänzende Sieg bewies ihre Wunderkraft. Die Lanze konnte sogar ohne ihren Herrn den Sieg garantieren, wie sich im Jahr 939 erwies; Otto I. hatte den Rhein noch gar nicht überschritten, als die Lothringer sein Heer angriffen; ein Gebet des Königs zur Heiligen Lanze sicherte dennoch den Seinen den Erfolg. Dabei handelte es sich nicht um jene Lanze, mit der angeblich der römische Soldat Longinus dem Gekreuzigten in die Seite gestochen hatte; diese Reliquie war im Besitz des byzantinischen Kaisers. Doch tat das der Hochschätzung der abendländischen ‚Heiligen Lanze' keinen Abbruch. Anscheinend hatte man bei ihrer Herstellung Nägel vom Kreuz Christi verwendet; bald verdichtete sich das zum Glauben, der Knotenstift in der Mitte des Lanzenblattes sei der Kreuzesnagel. ‚Clavus dominicus', ‚Nagel des Herrn', ließ Heinrich IV. auf die silberne Manschette schreiben, die zu seiner Zeit über das Blatt gelegt wurde. Zudem glaubte man, daß es sich um die Lanze des Reichsheiligen Mauricius handelte und daß auch Kaiser Konstantin sie einst besessen hatte. Relativ bald trat bei der Heiligen Lanze die Funktion als Herrschaftszeichen zurück; die Ottonen ließen sie bei Feldzügen noch öfters vorantragen, bei der Königskrönung Heinrichs II. wurde sie verwendet, später stand nur mehr ihre Bedeutung als Reliquie im Vordergrund.

Inbegriff des Königtums war die Krone. Die Reichskrone, die heute noch in der Wiener Schatzkammer zu besichtigen ist, stammt aus der zweiten Hälfte des 10. Jahrhunderts; zu welchem Anlaß sie gefertigt wurde, ist unbekannt, lange dachte man an die Kaiserkrönung Ottos I. 962 oder die seines Sohnes Otto II. fünf Jahre später. Ein noch wahrscheinlicherer Anlaß wäre die Plünderung Aachens durch den westfränkischen Karolinger Lothar im Jahr 978, wobei er auch Herrschaftszeichen erbeutete. Daß die Krone etwa 980 gefertigt wurde, ergaben auch jüngere kunsthistorische Untersuchungen, wie die von Hermann Fillitz. Anfang des 11. Jahrhunderts wurde das Kreuz, unter Konrad II. (1024-39) der Bügel hinzugefügt; dieser ließ sich auch als „Romanorum imperator augustus" darauf in aus Perlen gebildeten Buchstaben verewigen. Die Krone ist aus acht Platten zusammengesetzt; in der Zahlensymbolik steht die Acht für die Ewigkeit, und das mathematische Symbol für Unendlichkeit ist heute noch eine liegende Acht. Die achteckige Krone symbolisiert ebenso wie der achteckige Zentralbau der Aachener Pfalzkapelle das ‚himmlische Jerusalem', das Königreich der Vollendung, das sich am Jüngsten Tage offenbaren wird. Ein irdischer Abglanz jener vollkommenen Ordnung soll das Reich sein. Daran gemahnt schon die überreiche Ausstattung mit Gold und Edelsteinen, die etwas vom Licht des Jenseits auf die Person des Herrschers übertragen sollen. Um die Strahlkraft der Edelsteine zu erhöhen, sind die Goldplatten hinter ihnen durchbohrt.

Von der sakralen Grundlage des Königtums erzählen vier der acht Platten in Wort und Bild. In Goldschmelz gearbeitet, sieht man darauf drei Szenen des Alten Testaments sowie Christus als Weltenherrscher. „Durch mich regieren die Könige", sagt die Inschrift über dem thronenden Erlöser; jene Zeit interessierte sich weniger für den leidenden Christus, der die Kunst späterer Epochen prägte, als für den triumphierenden ‚Pantokrator', den ‚Allesbeherrscher', das Urbild des Königs. Vorbild des christlichen Kaisers waren auch die biblischen Könige David und Salomon, die Weisheit und Gerechtigkeit verkörperten. In den Händen tragen die beiden Figuren blaue Schleifen mit Inschriften; der Vergleich mit den Sprechblasen in den Comics unserer Zeit mag respektlos wirken, doch das Prinzip der gegenseitigen Verdeutlichung von Wort und Bild wird hier ähnlich angewandt. Allerdings ist die Lösung auf der Reichskrone dekorativer. „Die Ehre des Königs achtet den Rechtsspruch", ist das Motto König Davids, auf den sich eine ganze Reihe abendländischer Herrscher ausdrücklich berufen haben. Die alttestamentarischen Priesterkönige verkörperten jene Verbindung zwischen ‚regnum' und ‚sacerdotium', zwischen Königtum und Priestertum, der auch die mittelalterlichen Kaiser nachstrebten. „Fürchte Gott und meide Unrecht", lautet Salomons Inschrift. Die vierte Platte zeigt den Propheten Isaias und den König Ezechias/Hiskia, dem prophezeit wird: „Wohlan, ich will zu deinen Lebenstagen fünfzehn Jahre hinzufügen". Alle diese Mahnungen und Segenswünsche sind Teil des Rituals der Krönung, für den König eine goldgewordene Erinnerung an die programmatischen Leitbilder seiner Herrschaft.

Höheren Rang als der Krone räumte man lange Zeit dem Reichskreuz ein. 1024/25 ließ Konrad II. das prächtige, 77 Zentimeter hohe Kreuz als Behälter für die heiligsten Reliquien des Reiches anfertigen: Vor allem die heilige Lanze, für die der Querarm vorgesehen war, und die Kreuzpartikel im Schaft. Die Inschrift auf den Seitenwänden lautet: „Vor diesem Kreuz des Herrn möge die Partei des bösen Feindes die Flucht ergreifen. Daher mögen vor Dir, Konrad, alle Widersacher weichen". Noch stärker als die anderen Insignien zeigt das Reichskreuz die Verschränkung geistlicher und weltlicher Herrschaftsauffassung. Es ist das „Symbol, das alle anderen in sich vereint, ein rein kaiserliches Symbol, da es Sieg bedeutet und der Kaiser sich mit dem Erlöser Jesus Christus identifiziert" (Georges Duby). Die ‚crux gemmata', das juwelenbesetzte Kreuz, erinnert an jenes Kreuz aus Licht, das im Jahr 312 Kaiser Konstantin vor der Schlacht an der Milvischen Brücke erschien. „In hoc signo vinces" (= in diesem Zeichen wirst du siegen), diese Prophezeiung leitete damals den Umschwung zum christlichen Imperium Romanum ein; an sie knüpften auch die späten Nachfahren des großen Konstantin im Abendland ihre Siegeshoffnungen. „Das Kreuz ist das Insigne unseres Königs, auf das die Verbände unseres Heeres unaufhörlich blicken. Dem Kreuze folgen unsere Heerscharen in die Schlacht", so beschreiben die ‚Libri Carolini' in der Karolingerzeit die schlachtentscheidende Bedeutung des Kreuzes. Das Reichskreuz konnte diese Funktion umso besser erfüllen, als es mit den ‚echten' Partikeln vom Kreuz Christi an dieser einzigartigen Reliquie Anteil hatte. Als Heinrich IV. die Kleinodien seinem Sohn übergeben mußte, werden ‚crux et lancea', Kreuz und Lanze, vor allen anderen Herrschaftszeichen, ‚regalia insignia', genannt; das zeigt ihre Wertschätzung, aber auch, wie sehr in Deutschland Herrschaftszeichen und Reichsreliquien als eine Einheit empfunden wurden.

Dem Herrscher vorangetragen werden und ihm den Sieg bringen sollte auch das Reichsschwert. Bei einem Hoftag Friedrich Barbarossas 1184 in Mainz kam es darum zu einem Streit; damals „beanspruchten die mächtigsten Fürsten das Recht, das Reichsschwert zu tragen, nämlich der Böhmenherzog, der auf dem Hoftag mit 2000 Rittern erschien; Herzog Leopold von Österreich, ein tüchtiger und freigebiger Ritter, mit 500 Rittern; der neue Sachsenherzog Bernhard, mit 700 Rittern; Pfalzgraf Konrad bei Rheine, des Kaisers eigener Bruder, mit 1000 und mehr Rittern sowie der Landgraf von Thüringen, ein wackerer Mann und Neffe des Kaisers . . ." Der Kaiser aber gab es dem Grafen von Hennegau, der erstmals an einem Hoftag teilnahm, und niemand wagte zu widersprechen. Das blanke Schwert blieb während des ganzen Mittelalters das wichtigste Emblem der herrscherlichen Souveränität. Älter als das Schwert in der Schatzkammer ist die Scheide, die in der Mitte des 11. Jahrhunderts für Heinrich III. angefertigt wurde. Sie zeigt 14 Königsgestalten mit Krone, Reichsapfel und Zepter (aber ohne Schwert) – sie verkörpern die 14 Kaiser, die von Karl dem Großen bis zu Heinrich III. regiert hatten. Es dominiert also die weltliche Symbolik. Später wurde die ‚Staatswaffe' stärker von der „Vergeistlichung" der Reichsideologie erfaßt. Otto IV., für den um 1200 das heute erhaltene Schwert angefertigt wurde, ließ auf dem Knauf eine Inschrift anbringen, die Gott die Führung der Hand anvertraut. Bald schon galt das Reichsschwert als Schwert des Reichsheiligen Mauricius.

Um 1200 entstand wahrscheinlich auch der Reichsapfel, der uns erhalten ist. Die mit Harz gefüllte Goldblechkugel symbolisiert die Weltherrschaft des Kaisers. Das Kreuz, das darauf befestigt ist, zeigt, daß der Kaiser seine Herrschaft im Namen Christi ausübt. Symbolik und Machart des Reichsapfels folgen, wie viele der abendländischen Reichsinsignien, byzantinischen Vorbildern. Die Weltherrschaftsidee des mittelalterlichen Kaisertums blieb freilich diffus und unbestimmt und wurde nur gelegentlich politisch wirksam. Erst in jenem Augenblick wurde sie, wie Othmar Hageneder feststellt, „systematisch durchdacht, gedanklich zugespitzt und in dieser Form politisch zu realisieren versucht, als sie auf Grund eines allgemeinen Strukturwandels prinzipielle Gegnerschaft fand". Das geschah etwa in jener Zeit, als der kostbare Reichsapfel, der heute in der Schatzkammer liegt, ihr sinnfälligen Ausdruck verleihen sollte. Die staufische Epoche zeigte bei all ihrem imperialen Glanz die Unmöglichkeit, wachsenden Widerständen zum Trotz auf Dauer der ehrgeizigen Reichsidee gerecht zu werden.

An den Glanz der Staufer erinnert eine ganze Reihe kostbarer Stücke in der Wiener Schatzkammer, vor allem die Krönungsgewänder. Es ist kein Zufall, daß sie fast durchwegs aus dem Königreich Sizilien stammen: von der staatsrechtlichen Bedeutung her ein spät erworbenes Nebenland der Dynastie, politisch und wirtschaftlich aber bald die eigentliche Basis ihrer Herrschaft. Hier konnten sie an griechisch-byzantinisches, an arabisch-sarazenisches und an normannisches Erbe anknüpfen. Besonders greifbar wird die orientalische Tradition beim Krönungsmantel. Zwei Löwen, die Kamele niederwerfen, dazwischen eine Palme, am Rand ein arabischer Text in kufischer Schrift – es verwundert fast, daß man in diesem Stück wie aus 1001 Nacht schon wenig später den Mantel Karls des Großen sehen konnte. Doch die Sprache der Herrschaft ist international; kostbares Material – in diesem Fall rotgemusterte Samit-Seide – und gediegene Verarbeitung mit feiner Gold- und Perlenstickerei, die triumphierenden Löwen und der stilisierte Baum konnten auch zur Repräsentation abendländischen Kaisertums dienen. Gerade die exotische Note trug zur Einzigartigkeit bei: Die Vorliebe der Mächtigen für seltene Prunkstücke ferner Länder war schon immer wesentliche Triebkraft der Kunst- wie der Wirtschaftsgeschichte.

Den Mantel hatten die sarazenischen Künstler(innen) der Hofwerkstatt von Palermo im Jahr 528 islamischer Zeitrechnung, nach unserem Kalender 1133/34, für den normannischen König Roger II. angefertigt. Diese Normannen waren damals keine ‚wilden Wikinger' mehr, sie regierten über einen der bestorganisierten Staaten des damaligen Europa, eine wichtige Kulturbrücke zum islamischen wie christlichen Orient. Obwohl sie eigentlich Lehensträger des Papstes waren, fanden sie jedoch nichts dabei, die überlegene Kultur des Islam nach dem Sieg über die Sarazenen Siziliens weiter zu pflegen – ganz wie später Friedrich II. So enthält auch die Inschrift des Krönungsmantels keine frommen Segenswünsche oder Belehrungen, sondern preist „Großmut und Erhabenheit, Ruhm und Schönheit, Erfüllung der Wünsche und Hoffnungen, glückliche Tage und Nächte ohne Unterlaß" des Herrschers und seines Hofes. Als die Staufer 1194 in Sizilien ihr Erbe antraten, übernahmen sie auch den Schatz der Normannenkönige mit seinen kostbaren Gewändern.

Ein anderer einzigartiger Bestand wurde erst in der Neuzeit dem Schatz einverleibt: die Kostbarkeiten vom Hof der Herzöge von Burgund. Die burgundischen Herrscher des 15. Jahrhunderts trugen zwar nur den Herzogstitel, gehörten aber zu den mächtigsten und vor allem reichsten Fürsten ihrer Zeit. Im ‚Herbst des Mittelalters', den der Historiker Jan Huizinga so lebendig beschreibt, war der burgundische Hof wohl der glanzvollste. Von ritterlichen und höfischen Idealen inspiriert, gingen Kunst und Repräsentation hier eine besonders enge Verbindung ein. Ausdruck dieser Lebenshaltung war auch der Ritterorden vom Goldenen Vlies, den Herzog Philipp der Gute 1430 anläßlich seiner dritten Hochzeit gründete. Durch ungewöhnlich reiche Ausstattung und besondere Exklusivität gelang es bald, die alten Ritterorden aus Kreuzzugstagen an Ansehen zu überflügeln. Die Habsburger förderten als Souveräne den Orden weiter, der freilich nur zeremonielle Bedeutung hatte. Der Ordensschatz lag bis 1797 in Brüssel; auch er wurde vor den Truppen Napoleons nach Wien in Sicherheit gebracht. Mit den Kleinodien des Heiligen Römischen Reiches verbinden diese Kostbarkeiten, besonders Wappenkette und Meßornat, freilich nicht viel mehr als das gemeinsame Schicksal.

All diesen Dingen wohnte, sofern man sie als Symbole verstand, eine besondere Kraft inne. So ist es etwa zu verstehen, daß die Ausstellung der Reichsinsignien, die sogenannten ‚Heiltumsweisungen', in Nürnberg noch während der Neuzeit große Bedeutung bekommen konnten. Doch ihren vollen Glanz entfalteten sie im Rahmen eines Zeremoniells, das ihnen angemessen war und das wir nur mehr nach einigen schriftlichen Berichten, später auch nach Abbildungen rekonstruieren können. Das waren nicht allein die ‚eigentlichen' Krönungen. An hohen Feiertagen, Weihnachten, Ostern und Pfingsten, wurden häufig ‚Festkrönungen' abgehalten. „Daß der König für diese Tage hochangesehene Kirchen auswählte, lag in der Natur der Sache; ebenso, daß er die Feierlichkeit dieser Kirchenfeste mehrte, indem er sich im Schmuck seines Königsornates zeigte. Das Ansehen der Krone sowie der Krönungshandlung ließ es aber nicht zu, daß er sich die Krone selbst aufsetzte. Vielmehr geschah das durch einen Kirchenfürsten . . .", schreibt Schramm. So konnte sich der König, der ja im Lande umherreiste, im Lauf der Zeit in verschiedenen Landesteilen als würdiger Herrscher zeigen. Zu diesem Zweck verfügte er auch oft über mehrere Kronen. Über die zahlreichen Kronen Friedrichs II. konnte Schramm ein ganzes Buch schreiben; allerdings war im 13. Jahrhundert der Brauch der Festkrönungen schon im Niedergang begriffen. Doch ließen auch spätere Herrscher für sich Neben- oder Privatkronen anfertigen. Von besonderer Bedeutung wurde die des Habsburgerkaisers Rudolf II. (1576-1612), die später, im 19. Jahrhundert, als offizielle Krone der „Kaiser von Österreich" Verwendung fand.

Eine Festkrönung ist uns etwa für den schon erwähnten Hoftag Friedrich Barbarossas 1184 in Mainz, dem „symbolischen Höhepunkt der staufischen Kaisergeschichte" (Theodor Schieffer), überliefert; der Kaiser, seine Gemahlin Beatrix und der Sohn Heinrich (VI.) trugen dabei am Pfingsttag „mit großer und gebührender Feierlichkeit" die Kaiserkrone. Die Hoftage Friedrich Barbarossas waren sicher Höhepunkte imperialer Repräsentation; an diesem sollen angeblich, laut Gislebert von Mons, 70.000 Ritter teilgenommen haben. Am Pfingstmontag erhielten der junge König Heinrich und sein Bruder Friedrich die Schwertleite und wurden zum Ritter geweiht. „Zu ihren Ehren gaben sie und alle Fürsten und Adeligen viele Geschenke an Ritter, Gefangene, Kreuzfahrer, Gaukler und Gauklerinnen, nämlich Pferde, kostbare Gewänder, Gold und Silber. Denn die Fürsten und Herren gaben nicht nur zu Ehren ihrer Herren, nämlich des Kaisers und seiner Söhne, sehr freigebig das ihre aus, sondern auch zur

Verbreitung ihres eigenen Ansehens und Ruhmes. Am Montag und Dienstag nach dem Essen veranstalteten die Kaisersöhne ein Schauturnier, und daran nahmen schätzungsweise 20.000 Ritter und mehr teil. Es war ein Turnier ohne scharfe Waffen; die Ritter führten ohne Stoß und Hieb ihre Schilde, Lanzen und Banner vor und tummelten ihre Pferde. Bei diesem Turnier zeigte auch Herr Kaiser Friedrich selber geziemend vor den anderen seinen Schild, obwohl er von Gestalt nicht größer und ansehnlicher als die übrigen war; der Graf von Hennegau, der ihn bei diesem Turnier bediente, trug ihm die Lanze.“ Es war selten genug, daß sich die mittelalterliche Adelsgesellschaft und das Kaisertum so friedlich und idyllisch manifestierten; doch aus diesen Momenten bezog das Reich seinen Glanz, der auch in viel weniger glanzvollen Zeiten lange nicht verblaßte.

46

Vorhergehende Seite: *45* Die Heilige Lanze – die durchbrochen gearbeitete Lanzenspitze enthielt, so glaubte man, einen Nagel vom Kreuz Christi und galt daher nach ihrer Erwerbung um 926 als kostbarste – und wirksamste – Reliquie des Reiches. (Wien, Schatzkammer)

47

Gegenüberliegende Seite und oben: *46, 47* Vorbilder des mittelalterlichen Herrschers – zwei der acht Goldplatten der ottonischen Reichskrone zeigen die biblischen Könige David und Salomon, in der Hand Spruchbänder, die den König zu Gerechtigkeit und Gottesfurcht mahnen. (Wien, Schatzkammer)

48

Oben: *48* Die Reichskrone, angefertigt in der zweiten Hälfte des 10. Jahrhunderts: die achteckige Form und die kostbare Ausstattung stellen das Reich als Abglanz der himmlischen Ordnung dar, den Herrscher als Stellvertreter Christi auf Erden. (Wien, Schatzkammer)

Gegenüberliegende Seite: *49* Der Reichsapfel, um 1200 entstanden, ist Sinnbild des christlichen Universalreiches: der Erdball, gekrönt vom Kreuz. (Wien, Schatzkammer)

50

Oben: *50* Die Stephansbursa, ein kostbarer Reliquienbehälter aus der Zeit Karls des Großen, enthielt angeblich die vom Blut des ersten Märtyrers Stephanus getränkte Erde. (Wien, Schatzkammer)

Gegenüberliegende Seite: *51* Geheiligte Herrschaft: Konrad II. ließ 1024/25 das Reichskreuz als Behälter für die Kreuzesreliquien des Reiches anfertigen; die „crux gemmata“, das edelsteinbesetzte Kreuz, verkörpert den göttlichen Ursprung der weltlichen Macht. (Wien, Schatzkammer)

52

52 Islamische Kunst für den christlichen Kaiser: Der Krönungsmantel, 1133/34 in Palermo für den Normannenkönig Roger II. hergestellt, kam mit den Staufern zum Reichsschatz und wurde bald für den Mantel Karls des Großen gehalten. (Wien, Schatzkammer)

53

53 Die Scheide des Reichsschwertes, im 11. Jahrhundert für Heinrich III. geschaffen, zeigt 14 Herrschergestalten mit Zepter und Reichsapfel. (Wien, Schatzkammer)

54

Oben: *54* Das „Goldene Vlies“, Symbol des Ritterordens, und die Wappen der 51 Ordensritter schmücken die „Potence“, die Wappenkette des Herolds, eine niederländische Arbeit von 1517. Karl V. war Souverän des 1430 von den burgundischen Herzögen gegründeten Ordens. (Wien, Schatzkammer)

Folgende Seite: *55* Die wohl kostbarste Stickerei des Abendlandes zeigt die Prachtliebe des Burgunderhofes im 15. Jahrhundert: der Meßornat des Ordens vom Goldenen Vlies. (Detail vom „Marienmantel“, dem Pluviale – Wien, Schatzkammer.)

IV. KAISER GEGEN PAPST: DIE ZEIT DES INVESTITURSTREITES

In Rom wollte Otto III. herrschen, in Aachen wünschte er begraben zu werden. Doch der Leichenzug mußte sich den Weg durch das aufständische Oberitalien erst freikämpfen. Der kurze Traum des jungen Kaisers hatte mehr Widerstände ausgelöst, als er es sich hatte träumen lassen. Wie noch öfters in der Kaisergeschichte des Mittelalters hatte das Ergebnis der großen Bemühungen um stabile Herrschaft in Italien nicht dem Aufwand und den Hoffnungen entsprochen. War der Drang nach Rom, die Kaiserpolitik überhaupt ein Irrweg? Die Frage hat eine der berühmtesten Diskussionen der Geschichtswissenschaft ausgelöst. Es war der Preuße Heinrich von Sybel, der 1859 aus national-deutscher Haltung die kaiserliche Italienpolitik Otto des Großen und seiner Nachfolger als Belastung verurteilte. Ihm antwortete der in Innsbruck lehrende Julius von Ficker, indem er die abendländische Rolle des Kaisertums verteidigte: man könne nicht aus moderner Sicht urteilen, sondern müsse sich „die Bedürfnisse und Anschauungen der Zeit vergegenwärtigen".

Heute ist der Gelehrtenstreit als Begleitmusik der preußisch-österreichischen Auseinandersetzung selbst schon Geschichte geworden. Doch wurde im Verlauf der Diskussionen klar, wie viele Wurzeln und Gründe die Kaiser- und Romidee der deutschen Könige hatte. Was im Verlauf eines Jahrtausends daraus entstand, dürfen wir nicht schon in die ersten Jahrhunderte projizieren. In der Zeit der Ottonen und Salier war die Gestalt des ‚kaiserlich-königlichen' Reiches noch recht unbestimmt; die Zeitgenossen hatten unterschiedliche Vorstellungen und Auffassungen davon. Einige strebten in der Tat, wie Otto III., nach Erneuerung des ‚Romkaisertums'. Für andere bedeutete der Titel eine Art abendländisches Großkönigtum, eine Hegemonie des deutschen Königs über alle anderen. Manche betonten die Verbindung zur römischen Kirche, deren Vogt und Beschützer der Kaiser sein sollte; viele sahen den Titel als Ausdruck einer direkt von Gott verliehenen Herrschaft. Erst allmählich entluden sich die Konflikte, die eine solche Mehrdeutigkeit möglich machte, und erzwangen eine genauere Festlegung der Stellung von König und Kaiser, ihrer Beziehungen zu den anderen Mächten und Gewalten.

Für die ottonischen und salischen Könige bedeuteten Rom und das Kaisertum in mehrfacher Hinsicht eine Chance, die sich auch berechnende ‚Realpolitik' nicht entgehen lassen konnte: Gerade weil ihre Stellung auch als König nicht sehr gefestigt war. Sie stammten aus Familien, die nicht edler oder vornehmer waren als manche andere, und ihre Machtbasis war oft kaum größer. Der König war für viele nicht mehr als ein ‚erster Edelmann', wie es Heinrich Mitteis genannt hat. Das Kaisertum vergrößerte das Ansehen des Herrschers, zeichnete ihn vor den restlichen Fürsten und Adeligen aus. Zudem stärkte es seine Stellung der Kirche gegenüber und schuf Einflußmöglichkeiten bis hin zum Papsttum. Das Kaisertum „hat seit Otto dem Großen eine konsolidierende und stabilisierende Funktion im Werdeprozeß des deutschen Volkes gehabt, da es die anfangs unzulängliche Autorität des Königtums gegenüber den weltlichen Fürsten und nicht zuletzt gegenüber der Kirche zu festigen vermochte und für die Ostpolitik eine besondere missionspolitische und staatsrechtliche Legitimation lieferte“, urteilt Helmut Beumann. Und schließlich verbesserte es die Position des Herrschers in Italien, wo die Könige aus dem Norden immer Schwierigkeiten hatten. Italien aber war, verglichen mit den deutschen Landen, äußerst reich. Hier gab es Städte, mit denen sich um 1000 keine nördlich der Alpen messen konnten; hier wurden die begehrten Handelswaren aus dem Süden und Osten umgeschlagen; hier gab es geschickte Handwerker und antike Ruinen, aus denen man kostbares Baumaterial holen konnte. Die Italienzüge der deutschen Herrscher boten also auch Gelegenheit, den Reichsschatz aufzufüllen, treue Anhänger und Familienmitglieder zu belohnen, Ämter und Würden zu vergeben. Wäre das Kaisertum nicht mehr gewesen als eine Chimäre, ein leerer Titel, hätten nicht Generationen deutscher Herrscher ihr bestes gegeben, ihn zu erringen. Auf der anderen Seite war es gerade die Verquickung von Italienpolitik, Kirchenpolitik und Kaiserpolitik, die letztlich ihr Scheitern bewirken sollte.

Doch so weit war es, trotz der Tragödie Ottos II. und Ottos III., noch nicht. Mit einigen Schwierigkeiten aber doch konnte sich noch einmal ein Familienmitglied durchsetzen: Heinrich, der Sohn des gleichnamigen ‚Zänkers‘, Herzog von Bayern, ein Vetter Ottos III. Diesem Heinrich billigen die gängigen Geschichtswerke zu, daß er nach Ottos Höhenflügen wieder auf dem Boden der Realität gelandet war – was ihn freilich nicht hinderte, 1014 nach Rom zu ziehen und sich hier mit seiner Frau Kunigunde zum Kaiser krönen zu lassen. Auch er hatte, wie alle Vorgänger, Probleme mit den Fürsten, ob sie nun zur Familie gehörten oder nicht. Inzwischen hatte sich die Erblichkeit der großen Herzogtümer fast schon durchgesetzt, nur in einigen Fällen gelang es Heinrich II. noch, Kandidaten seiner Wahl einzusetzen. Als Gegengewicht zur Fürstenmacht vollendete der letzte Salier, was Otto I. nach den schlechten Erfahrungen mit rebellischen Verwandten begonnen hatte: nämlich die hohen Geistlichen für Herrschaftsaufgaben heranzuziehen. Daß die Bischöfe viele weltliche Befugnisse in ihrem Bereich hatten, war nicht neu. Für den König bot ein geistlicher Machthaber den Vorteil, daß dessen Stellung nicht erblich werden konnte. Die ottonischen Könige verschafften Bischöfen und Äbten beträchtliche Herrschaftsgebiete und Aufgaben und sicherten sich im Gegenzug erheblichen Einfluß auf ihre Einsetzung. Dieses ‚Reichskirchensystem‘, wie es die Historiker nennen, funktionierte nach dem Prinzip ‚Eine Hand wäscht die andere‘ über ein Jahrhundert ausgezeichnet, bis es unter Heinrich IV. zum Zankapfel wurde.

Heinrich II. hatte mit der Verquickung von weltlicher und geistlicher Autorität noch keine Schwierigkeiten. Im Gegenteil: Er selbst war es, der kirchliche Reformbewegungen förderte, die für eine innere Erneuerung eintraten und Auswüchse der Verweltlichung ablehnten. So wie der große Otto in Magdeburg setzte er die Gründung eines Bistums in Bamberg durch und ließ dort einen großzügigen Dom errichten. Hier konnte er zu Ostern 1020 einen hohen Gast begrüßen: Papst Benedikt VIII., der um Hilfe gegen die Byzantiner bat, die in Süditalien ihre Macht ausgeweitet hatten. Der Feldzug, den Heinrich nun unternahm, war der letzte direkte Zusammenstoß der beiden Kaiserreiche des Westens und des Ostens. Bald darauf starb 1024 der letzte Ottone (oder Liudolfinger, wie das Geschlecht eigentlich hieß). Er wurde in seiner Gründung Bamberg beigesetzt; die Bamberger Kirche, die er mit reichen Gütern ausgestattet hatte, setzte ein Jahrhundert später sogar seine Heiligsprechung durch. Der heilige Kaiser – für unsere Zeit fast ein Paradox, aber charakteristisch für eine Epoche, die der Herrschaft, so gewaltsam sie sich auch manchmal durchsetzen mochte, einen sakralen Charakter zubilligte.

Der Mannesstamm der Dynastie war erloschen, die Großen des Reiches, weltliche wie geistliche, versammelten sich zur Wahl eines Nachfolgers. Bewußt knüpfte man an die fränkische Tradition an, die schon Heinrich II. in seinem Motto „Renovatio regni Francorum" (Erneuerung des Frankenreiches) beschworen hatte. Auf fränkischer Erde, am Rhein gegenüber Oppenheim, erkor man einen Franken, der noch dazu mit den Ottonen verwandt war: Konrad II. Der neue König mußte sich gegen einen Vetter gleichen Namens durchsetzen; Schwierigkeiten hatte er auch mit dem Erzbischof von Mainz, der Konrads Frau, der schon zweimal verheirateten, verwitweten ‚Nymphomanin' Gisela, die Krönung verweigerte. Der König gab nicht nach und ließ Gisela eben vom Kölner Erzbischof krönen. Die Zuneigung Konrads zu seiner Frau, die in den Quellen spürbar wird, ist einer der wenigen individuellen, ‚menschlichen' Züge, die von den Herrschern jener Zeit überliefert sind. Und sie setzte sich durch; die Widerstände legten sich bald. Konrad, der als „Mann großer Demut" geschildert wird, scheute sich auch nicht, sich in einem Slawenkrieg selbst ins Getümmel zu stürzen, obwohl er dabei bis zur Hüfte im Sumpfwasser stehen mußte. Man erwartete vom Herrscher eben, daß er im Kampf den ‚Vorstreit' führe, auch wenn das meist mehr symbolisch aufgefaßt wurde.

Größere Probleme brachte der Dynastiewechsel in Italien. In der Residenzstadt Pavia zerstörten die Einwohner die alte Königspfalz bis auf die Grundmauern; sie behaupteten, der Tod des Königs entbinde sie von ihrer Dienstpflicht, und auch den Königsschutz benötigten sie nicht mehr. Pavia war für damalige Verhältnisse mit über 10.000 Einwohnern eine Großstadt und scheute auch die Konfrontation mit dem König nicht; es dauerte Jahre, bis Konrad die Pavesen zur Wiedergutmachung zwingen konnte. Ihre Rechtfertigung ist eines der klassischen Beispiele dafür, daß damals das Untertanenverhältnis, ja sogar die Zugehörigkeit zu einem Staat sehr persönlich aufgefaßt werden konnten. Konrad hielt dagegen den berühmten Satz: „Der König ist gestorben, aber geblieben ist sein Regnum", also sein Königtum, sein Reich. Gerade Konrad II. hat in seiner knapp fünfzehnjährigen Regierung viel dazu beigetragen, diese Kontinuität zu stärken. In mancher Hinsicht wurde er für die Gestalt des mittelalterlichen Reiches traditionsbildend.

Zu Ostern 1027 wurde er in Rom zum Kaiser gekrönt; es war eine der feierlichsten Zeremonien dieser Art. Die Anwesenheit König Knuts, dessen nordisches Reich Dänemark, England und Norwegen umfaßte, und König Rudolfs III. von Burgund spiegelte etwas vom universalen Anspruch des Kaisertums; es war kein Zufall, daß gerade zu dieser Zeit der Spruch „Rom, Haupt der Welt, hält die Zügel des Erdenrundes" auf dem Kaisersiegel eingeführt wurde. Einige Jahre später konnte sich Konrad selbst zum König von Burgund krönen lassen. Das römische Kaisertum umfaßte damit drei Königtümer: das fränkisch-deutsche, das langobardisch-italienische und das burgundische. Das mittelalterliche Reich war also keineswegs ein Einheitsstaat, sondern bestand aus mehreren Herrschaftsbereichen, die durch einen gemeinsamen Herrscher miteinander verknüpft waren. Die deutsche Krone verschaffte ihrem Träger zwar die Anwartschaft auf alle anderen, ersparte ihm aber nicht, sich auch in

Burgund, in Italien und in Rom krönen zu lassen, was wiederum das Einverständnis der dortigen Großen (bzw. des Papstes) voraussetzte. Die tatsächliche Kontrolle, die der König in seinen verschiedenen Herrschaftsgebieten ausüben konnte, hing freilich von vielen verschiedenen Faktoren ab; im Spätmittelalter wurde die ‚Trias' Deutschland-Italien-Burgund immer mehr zur bloßen Theorie. Im 11. Jahrhundert allerdings waren die politischen Möglichkeiten der deutschen Könige und römischen Kaiser noch recht groß.
Einen Höhepunkt erreichten Ansehen und Macht der Könige unter Heinrich III., Konrads Sohn. Viel von seiner Stellung verdankte er einer Konstellation, die nachträglich paradox erscheint: Der deutsche König als Vertreter der Kirchenreform gegen ein moralisch angeschlagenes Papsttum, das sich dem Vorwurf der Simonie, also des Ämterkaufes, ausgesetzt sieht. Wir wissen, wie es weiterging: Der Vorwurf der Simonie wurde schon wenig später die Hauptwaffe der Päpste gegen Heinrichs Sohn. Bei Heinrich III. war es noch umgekehrt, als er in Rom durchgriff. Papst und Gegenpapst hatten einander abwechselnd aus Rom verjagt; der Sieger trat zugunsten eines dritten zurück, ließ sich dafür aber mit einer noblen Abfindung belohnen. Heinrich kam im Dezember 1046 nach Rom, wo auf einer Synode alle drei abgesetzt wurden; der Bischof von Bamberg bestieg nun als Clemens II. den apostolischen Stuhl und krönte Heinrich gemeinsam mit seiner Frau Agnes am Weihnachtstag zum Kaiser. Auch wenn Clemens bald darauf starb – er ist als einziger Papst auf deutschem Boden, nämlich im Bamberger Dom, begraben – hielt zunächst die Allianz zwischen Kaisertum, deutschen Päpsten und Kirchenreformern, die Heinrichs Durchgreifen in Rom begrüßten. Dabei hatte Heinrich streng genommen gar nicht als Kaiser gehandelt. Doch schon vor seiner Kaiserkrönung hatte er sich den Titel ‚Rex Romanorum', König der Römer, zugelegt. Diese Neuschöpfung sollte den Anspruch auf das Kaisertum ausdrücken; denn Kaiserkrönung und Romzug waren nun untrennbar miteinander verbunden.

Schon 1056 starb Heinrich III.; sein Tod markiert einen Einschnitt in der Kaisergeschichte des Mittelalters. Im Rückblick stellt sich die Epoche, die mit ihm endete, als Glanzzeit der ‚deutschen' Herrscher dar; freilich oft genug über Gebühr verklärt von den (deutschen) Historikern, die sich mit dem Imperium identifizierten. Lange wurde sein Tod zumindest zum Anlaß, wenn nicht zur Ursache des Übels erklärt, das nun begann. „Während die Auswirkungen der Todesfälle von 983 und 1002 bald aufgefangen worden waren, erwies sich diese Wendung als eine Katastrophe", so schrieb 1973 Theodor Schieffer. Heinrichs sechsjähriger Sohn, Heinrich IV., trat unter der Regentschaft seiner Mutter Agnes die Regierung an; sie ließ sich zu einem Frontwechsel gegen die Reformpäpste überreden, eine „Fehlentscheidung", die „in eine heillos verfahrene Lage" führte. „Denn es liegt keineswegs eine unentrinnbare Zwangsläufigkeit darin, daß das deutsche Königtum jetzt schrittweise nicht bloß die Führung, sondern überhaupt den Kontakt mit der kirchlichen Erneuerungsbewegung verlor." Traf also eine Frau auf früh verwaistem Thron, die Kaiserin Agnes, letztlich das Verschulden am „Investiturstreit", der sich nun anbahnte?

Wie immer, wenn eine Person Macht- und Symbolträger für ein großes Reich ist, bleibt die unentrinnbare Verflechtung von persönlichem Schicksal und tiefgreifenderen Veränderungen letztlich kaum entwirrbar. Doch hat erst die jüngere Forschung herausgearbeitet, wie grundlegend und umfassend der Wandel war, der in der zweiten Hälfte des 11. Jahrhunderts Papsttum und Königtum, Kirche und Reich,

Wirtschaft und Gesellschaft erfaßte. Der berühmte „Investiturstreit" war Ausdruck dieser Veränderung. Horst Fuhrmann skizziert 1987 diese ‚Aufbruchszeit': „Die Stadt als Siedel- und Rechtsform bildete sich heraus, das Feudalrecht erhielt neue Formen, die Idee des Heiligen Krieges mündete in den Ersten Kreuzzug und die Gründung der Kreuzfahrerstaaten, neue Orden kamen auf, ein auf die Moderne hinlenkender Individualismus deutete sich an, und so weiter." Die Veränderungen in der Kirche könnte man, etwas überspitzt, als ‚zweite Christianisierung' beschreiben. Bis dahin war der Einfluß der Laien stark gewesen; lange hatten sie an der Bischofswahl mitgewirkt; und niemand fand etwas dabei, daß Adelige eine ‚Eigenkirche' besaßen, in der sie über die Einsetzung des Priesters und die Verwendung der Mittel entschieden. Die Reformer setzten allmählich die Auffassung durch, daß die Kirche in erster Linie eine Kirche der Geistlichen sei. „Gott gehorchen heißt, der Kirche gehorchen und das wiederum heißt, dem Papst gehorchen und umgekehrt." Die Kirche als ‚Monarchie des Papstes' muß dadurch in Konflikt mit dem weltlichen Herrscher geraten. „Der König, zumal der deutsche König, wird seines Sakralcharakters entkleidet und gilt zudem durch sein schmutziges irdisches Geschäft als in seinem Seelenheil gefährdeter Mensch." Was uns recht selbstverständlich erscheint – nämlich daß das Amt des Kaisers ein weltliches, das des Papstes ein geistliches ist – wird nun zum Gegenstand einer jahrhundertelangen zähen Auseinandersetzung. Denn beide universale Gewalten beanspruchen sowohl die geistliche als auch die weltliche Führung.

Kompliziert wird die Lage dadurch, daß keineswegs Kirche und Reich als einheitliche Blöcke einander gegenüber stehen. Es gibt immer Bischöfe, die auf der Seite des Kaisers stehen, ja sich in seinem Interesse zum Gegenpapst erheben lassen. Und es gibt stets Reichsfürsten, die sich von einer päpstlichen Intervention eine Stärkung ihrer Position gegenüber dem König erwarten können. Dazu kommen langsam die reichen und mächtigen italienischen Städte, deren Eigeninteressen sich auf oft undurchschaubare Weise mit denen von Papst oder Kaiser verknüpfen oder kreuzen. Es ist ein Pokerspiel um Macht und Legitimität, das meist nicht auf dem Schlachtfeld entschieden wird, sondern auf Reichstagen und Synoden, durch Versprechungen oder Intrigen – und nicht zuletzt durch die Macht des gesprochenen oder geschriebenen Wortes. Die Zeit des ‚Investiturstreites' erlebt einen mächtigen Aufschwung der politisch-religiösen Propaganda. Und hier waren die Kirchenreformer, die sich bald die päpstliche Sache zu eigen machten, den Anhängern des Kaisers weit überlegen. Auch ohne Buchdruck erreichten ihre Briefe und Traktate weite Verbreitung. Der Mönch und Kardinal Petrus Damiani etwa, 1072 gestorben, war ein unermüdlicher Briefschreiber; in heute beinahe peinlich klingenden Worten forderte er die Empfänger seiner Briefe auf, diese nur ja gut aufzuheben. Auf einem anderen Feld der symbolischen Auseinandersetzung erwiesen sich die deutschen Könige hingegen als durchaus ebenbürtig. Heinrich IV. ließ den Dom von Speyer, den sein Großvater erbaut hatte, ausbauen und vergrößern. Der großartige Kaiserdom sollte in seinen Ausmaßen sowohl den alten Petersdom in Rom als auch die Kirche von Cluny, einem Zentrum der Kirchenreformer, hinter sich lassen. Während in Worms die salischen Ahnen bestattet liegen, wurde Speyer zum beliebtesten Begräbnisplatz der römischen Kaiser und Könige.

Daß er in einer Auseinandersetzung mit dem Papst keineswegs ganz auf seine Fürsten zählen konnte, mußte Heinrich IV. schon als Bub erfahren. Kaum hatte seine Mutter Agnes sich gegen den Papst gewandt, versuchte eine Fürstengruppe um den Erzbischof von Köln und den Bayernherzog, die Kaiserin von der Reichsregierung zu verdrängen. König Heinrich hielt sich damals zu Kaiserswerth am Rhein auf. „Als er eines Tages nach einem festlichen Mahl besonders heiter war, redete ihm der Bischof zu, ein Schiff, das er zu diesem Zweck überaus prächtig hatte herrichten lassen, zu besichtigen. Dazu ließ sich der arglose, an nichts weniger als an einen Hinterhalt denkende Knabe leicht überreden. Kaum aber hatte er das Schiff betreten, da umringen ihn die vom Erzbischof angestellten Helfershelfer seines Anschlags, rasch stemmen sich die Ruderer hoch, werfen sich mit aller Kraft in die Riemen und treiben das Schiff blitzschnell in die Mitte des Stroms. Der König, fassungslos über diese unerwarteten Vorgänge und unentschlossen, dachte nichts anderes, als daß man ihm Gewalt antun und ihn ermorden wolle, und stürzte sich kopfüber in den Fluß, und er wäre in den reißenden Fluten ertrunken, wäre dem Gefährdeten nicht Graf Ekbert trotz der großen Gefahr, in die er sich begab, nachgesprungen und hätte er ihn nicht mit Mühe und Not vor dem Untergang gerettet und aufs Schiff zurückgebracht." Dieser ‚Staatsstreich von Kaiserswerth' hatte immerhin den Erfolg, daß nun die Bischöfe bis zur Volljährigkeit des Königs das Regiment führten, und daß Agnes sich ins Kloster zurückzog. Er mag aber auch dazu geführt haben, daß Heinrich später, durchaus im Sinn des Vaters, aber ohne dessen Geschick und unter geänderten Bedingungen, bis zum Starrsinn an seiner Hoheit über die Kirche festhielt.

Bald fand er auf dem Stuhl Petri einen Gegner, der ebenso unbeugsam an seinem Vorrang festhielt. Der toskanische Mönch Hildebrand hatte eine glänzende Kirchenkarriere gemacht und wurde 1073, fast sechzigjährig, als Gregor VII. Papst. „Ein kleiner Mensch von zarter Statur", „recht dunkel und von häßlichem Gesichtsausdruck", so wird er uns beschrieben. Im Jahr 1984 hatten Anthropologen und Mediziner Gelegenheit, die sterblichen Überreste des großen Kirchenfürsten im Dom von Salerno zu untersuchen. Ein schmerzhaftes Wirbelleiden, so stellten sie fest, muß Gregor gequält haben, in dessen Folge er auch um ganze sechs Zentimeter zusammenschrumpfte. Der „heilige Satan", wie ihn selbst Petrus Damiani nannte, war von starkem Sendungsbewußtsein erfüllt. Die 27 Thesen, die er 1075 als „Dictatus Papae" in sein Briefregister eintragen ließ, halten fest, daß der Papst „allein kaiserliche Herrschaftszeichen verwenden kann" und „daß es ihm erlaubt ist, Kaiser abzusetzen"; aber auch, „daß er allein Bischöfe absetzen und wieder einsetzen kann".

Letzterer Punkt bot auch den Anlaß zum Ausbruch des Konflikts. Im selben Jahr 1075 bestellte Heinrich IV. in Mailand nach inneren Unruhen seinen Hofkaplan zum Erzbischof. Gerade die Möglichkeit des Königs, Bischöfe einzusetzen, zu „investieren", ja sich dafür eine Gebühr entrichten zu lassen, war den Kirchenreformern seit längerer Zeit ein Dorn im Auge; man betrachtete das als „Simonie", als Ämterkauf. Doch Heinrich glaubte, Gregors Vorhaltungen nicht ernst nehmen zu müssen, umsomehr als kirchliche Gegner des Papstes ihn dazu ermutigten. Von einem Reichstag zu Worms Anfang 1076 schickte man „An Hildebrand, nicht mehr an den Papst, sondern an den falschen Mönch" die unverblümte Aufforderung: „Steige herab, steige herab". Gregor VII. reagierte mit einem Bannfluch gegen den König, untersagte ihm die Reichsregierung und entband alle seine Untertanen von ihrem Treueeid. Dieser Schritt hatte ungeheure Wirkung, nicht zuletzt bei den Fürsten. Im Oktober 1076 mußte Heinrich den zu Tribur versammelten Fürsten versprechen, sich binnen eines Jahres durch Buße vom Bann zu lösen, sonst würde er sein Königtum verlieren. Ja, die Fürsten luden den Papst ein, nach Deutschland zu kommen, um über Heinrich zu richten.

Mitten in einem der härtesten Winter des Jahrhunderts zog der König nun über die Alpen nach Italien, um dem zuvorzukommen. Der Papst hatte sich auf der Reise nach Deutschland in die Burg Canossa, am Nordhang des Apennin, zurückgezogen. Am

25. Jänner erschien dort der König, „wurde in den zweiten Mauerring aufgenommen, während sein ganzes Gefolge draußen blieb, und hier stand er nach Ablegung der königlichen Gewänder ohne alle Abzeichen der königlichen Würde, barfuß und nüchtern vom Morgen bis zum Abend." Gregor selbst erzählt davon in einem Brief an die deutschen Fürsten: „Dort harrte er während dreier Tage vor dem Tor der Burg ohne jedes königliche Gepränge auf mitleiderregende Weise aus, nämlich unbeschuht und in wollener Kleidung, und ließ nicht eher ab, unter zahlreichen Tränen Hilfe und Trost des apostolischen Erbarmens zu erflehen, als bis er alle, die dort anwesend waren, zu solchem barmherzigen Mitleid bewegte, daß sich alle unter vielen Bitten und Tränen für ihn verwandten." Durch den sprichwörtlich gewordenen Gang nach Canossa hatte Heinrich sich als König behaupten können, doch das Prestige dieses Königtums, sein Gottesgnadentum war nun auf nicht wiedergutzumachende Weise angeschlagen.
Das Tauziehen zwischen Gregor und Heinrich zog sich weiter hin. Deutsche Fürsten wählten einen Gegenkönig, doch gegen diesen ‚Pfaffenkönig' Rudolf von Rheinsfelden behielt Heinrich die Oberhand. 1080 erneuerte der Papst die Exkommunikation Heinrichs. Dieser hatte seine Position inzwischen soweit gefestigt, daß er seinerseits in Brixen einen Gegenpapst wählen lassen konnte. Eine Reihe von Kardinälen fiel von Gregor ab; schließlich gelang es dem König sogar, 1084 in Rom einzuziehen und seinen Kandidaten in der Peterskriche zu inthronisieren und sich von ihm zum Kaiser krönen zu lassen, während Gregor VII. nur wenige hundert Meter entfernt in der Engelsburg verschanzt war. Gegen die Kaiserlichen rief er die Normannen zu Hilfe, die sich inzwischen in Süditalien festgesetzt hatten; unter ihrem Schutz mußte er sich nach Salerno zurückziehen, wo er verbittert im nächsten Jahr starb.
Nun schien Heinrich gesiegt zu haben; doch schlug einige Jahre später das Pendel wieder in die andere Richtung aus. Papst Urban II., vorsichtiger und weniger auf eine grundsätzliche Bestätigung seines päpstlichen Vorranges aus als Gregor VII., setzte sich langsam gegen den kaiserlichen Papst durch; 1095 hatte er bereits solches Ansehen errungen, daß sein Aufruf den ersten Kreuzzug ins Heilige Land zur Folge hatte. Heinrich IV. dagegen hatte sogar mit seinen eigenen Söhnen Schwierigkeiten. Mit Konrad, der sich 1093 von den Feinden des Vaters zum König von Italien krönen ließ, wurde er noch fertig. 1104 jedoch stellte sich der inzwischen auch zum König gekrönte Heinrich an die Spitze unzufriedener Fürsten und Hochadeliger gegen den inzwischen wieder einmal päpstlich gebannten Kaiser. Nach einigen Scharmützeln und Verwüstungen „zögerten auch die Krieger des Königs zusammen mit ihrem Herrn nicht mehr länger, sich überall zu sammeln, den Kaiserlichen vom Rücken her durch Brandschatzung und Plünderung mit gleicher Münze heimzuzahlen und schließlich mit 10.000 Kriegern in fünf Abteilungen die Schlacht zu suchen. Schon waren die Lager einander gegenüber aufgeschlagen – ein schreckliches Schauspiel! – und wehten drei Tage lang ununterbrochen auf dem einen Ufer der Regen die Feldzeichen des Kaisers, auf dem anderen die des Königs; schon fanden häufig Zweikämpfe im Flußbett statt, bei denen das wechselnde Schicksal des Krieges auf beiden Seiten manchen dahinraffte. Am Tag jedoch vor dem mit Sicherheit bevorstehenden allgemeinen Kampf begannen die Fürsten miteinander Friedensgespräche ...", so erzählt die Kaiserchronik. Obwohl „der blutige Mars mit den Zähnen zu knirschen begonnen hatte", wurde das Gemetzel zwischen Vater und Sohn im letzten Augenblick verhindert. Schließlich hielt der König den alten Kaiser, den die meisten Anhänger verlassen hatten, über Weihnachten 1105 in der Burg Böckelheim fest und zwang ihn zum Rücktritt, worauf er als Heinrich V. den Thron besteigen konnte. Doch wäre der

Familienkrieg wohl weitergegangen, wenn Heinrich IV., dem während seiner langen Regierung wirklich nichts erspart blieb, nicht bald darauf gestorben wäre.
Obwohl Heinrich V. als Parteigänger des Papstes auf den Thron gelangt war, sollte es noch weitere 17 Jahre dauern, bis der Investiturstreit beigelegt war. Gegenpäpste, erpreßte Zugeständnisse, Friedensangebote lösten einander ab, bis 1122 das sogenannte Wormser Konkordat zumindest diesen Streitpunkt aus der Welt schaffte. Heinrich V. sicherte darin dem Papst das Recht auf eine kanonische Wahl der Bischöfe zu; er behielt jedoch das Recht, vom Bischof für dessen weltliche Herrschaftsrechte den Vasalleneid zu empfangen, wobei in Deutschland das königliche Mitwirkungsrecht etwas stärker verankert wurde als in Italien und Burgund. Dieser Kompromiß war eine pragmatische Lösung, die auf der theoretischen Trennung der weltlichen von der geistlichen Sphäre beruhte. Die Grundfrage nach dem Verhältnis von Kaiser und Papst war damit noch lange nicht entschieden.

57

58

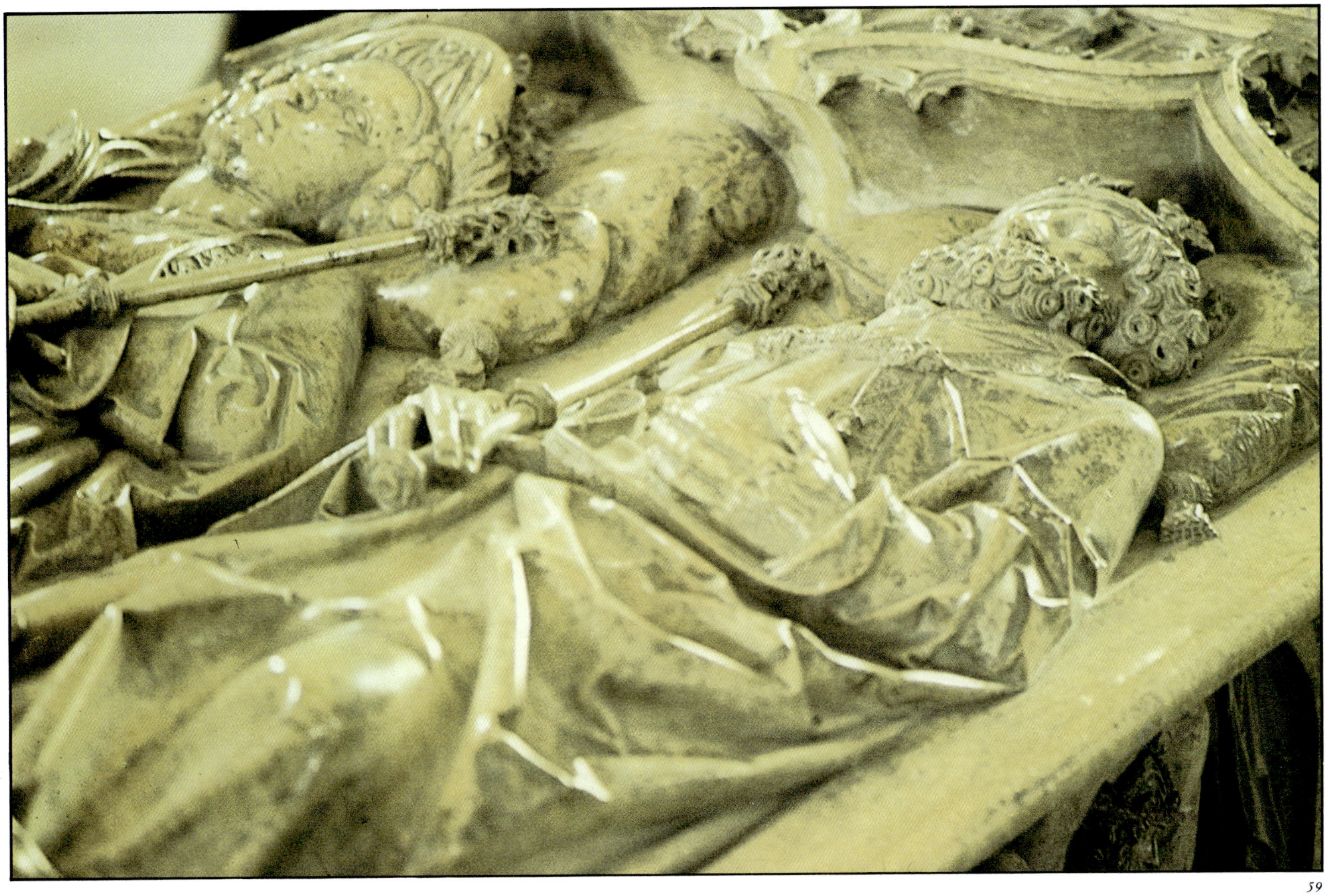

59

Vorhergehende rechte und gegenüberliegende Seite: *56, 57, 58* Bamberg – der Dom aus dem 13. Jahrhundert ersetzte den niedergebrannten Bau Heinrichs II. aus dem 11. Jahrhundert, der schon ebensogroß gewesen war.

Oben: *59* Das heilige Kaiserpaar – gemeinsam wurden Heinrich II. und Kunigunde 1014 vom Papst gekrönt, beide wurden später heiliggesprochen, gemeinsam sind sie auf dem um 1500 von Tilman Riemenschneider geschaffenen Grabmal im Bamberger Dom dargestellt.

Gegenüberliegende Seite: *60* Goslar – Silberstadt und Zentrum des sächsischen Reichsgutes. An den 1819 abgebrochenen romanischen Dom erinnert diese Säule der Vorhalle.

Unten: *61* Das Herz Heinrichs III. liegt in diesem Grabmal aus dem 13. Jahrhundert, das aus dem Dom von Goslar in die Ulrichskapelle übertragen wurde. Der „Rest" des Kaisers wurde in Speyer bestattet.

Folgende linke Seite:
62 Der Thron – ein Leben: Schon als Kind war Heinrich IV. König und mußte doch ein Leben lang um seinen Thron kämpfen. Die Bronzeranken dieses Thrones in Goslar wurden im 11. Jahrhundert für ihn gegossen.

Folgende rechte Seite:
63, 64, 65, 66 Der Silberbergbau in Goslar war seit Otto I. eine Haupteinkunftsquelle der Könige; in der wohlhabenden Reichsstadt hielten sie sich auch gerne auf. Links oben Fachwerkhäuser vor der Marktkirche; rechts oben Baureste der Pfalz; unten die um 1150 errichtete Pfalzkapelle St. Ulrich.

61

106

63

64

65

66

Vorhergehende Doppelseite: *67* Der kaiserliche Weg zu Gott: Mit dem Dombau zu Speyer wollte Heinrich IV. die Peterskirche in Rom übertreffen, seine Überlegenheit über den Papst demonstrieren.

Unten: *68* Einheit in der Vielfalt – jede Säule der Zwerggalerie am Dom zu Speyer trägt ein anderes Kapitell.

Gegenüberliegende Seite: *69* Grabstätte deutscher Könige – in der großartigen Krypta des Domes zu Speyer ruhen acht Kaiser und Könige, darunter Rudolf von Habsburg, der erste Habsburger auf dem Thron. Sein Gesicht trägt bereits deutlich individuelle Züge.

68

69

70

Oben und gegenüberliegende Seite: *70, 71* Der Dom von Speyer ist ein Höhepunkt romanischer Baukunst in Deutschland, mit Hilfe lombardischer Steinmetzen geschaffen. Oben: Fenstereinfassung an der Südfront; rechts: Kapitelle der Zwerggalerie.

113

Unten und gegenüberliegende Seite: *72, 73* Worms – der zweite große Kaiserdom in der fränkischen Heimat der salischen Dynastie wurde erst im 13. Jahrhundert vollendet. Hier liegen auch die Vorfahren der Familie begraben.

72

74

74 Erinnerungen an Canossa – der Kniefall Kaiser Heinrichs IV. im Büßergewand vor Papst Gregor VII. in einer barocken Darstellung auf dem Grabmal Mathildes von Tuszien, der Herrin von Canossa und mächtiger Parteigängerin des Papstes. (Rom, Petersdom)

V. SACRUM IMPERIUM: DIE STAUFER

O edles Rom, Herrin der Welt,
Ausgezeichnet vor allen anderen Städten,
Du bist gerötet vom Blute der Märtyrer, Du erglänzest von den weißen Lilien der heiligen Jungfrauen.
Wir grüßen Dich immerdar;
Dich preisen wir: Heil sei Dir in Ewigkeit!"

Der alte Gesang der Pilger und Heere aus dem Norden läßt ahnen, was die Ewige Stadt ihnen bedeutete. Trotz aller Kämpfe und Schwierigkeiten zogen immer weitere Scharen entlang der „Via Francigena", der Frankenstraße, nach Rom. Über die Alpen kamen sie in die Po-Ebene, die in ihrer Fruchtbarkeit den Zeitgenossen als „wahrhafter Garten der Wonnen" erschien. Von Pavia, der alten Königsstadt, zogen sie über die Ronkalischen Felder, wo die Staufer öfters ihre Hoftage abhielten, am Nordrand des Apennin entlang, den sie dann auf der Cisa-Straße überquerten; die beiden meist kaisertreuen Städte Lucca und San Miniato al Tedesco waren Hauptstationen in der Toskana. Weiter ging es nach Süden über das stolze Siena, entlang des Monte Amiata und des Bolsena-Sees nach Viterbo, wohin sich im Spätmittelalter öfters die Päpste aus dem ungesunden und gefährlichen Rom zurückzogen. Über die Milvische Brücke, wo 312 Kaiser Konstantin im Zeichen des Kreuzes über seinen Konkurrenten siegte, erreichten Pilger wie Heerzüge ihr Ziel; waren die Zeiten friedlich, konnten sie durch die Porta del Popolo in die Stadt einziehen, um am Grab des Apostels Petrus ihr Gebet zu verrichten.

Für den demütigen Pilger wie den stolzen Krieger war das Ziel ihrer Träume voller Gefahren. Im Sommer drohte die Malaria, eine Krankheit, gegen die Gäste aus dem Norden kaum Abwehrkräfte mobilisieren konnten. Nicht nur Otto II. und Otto III., Heinrich VI. und Heinrich VII. fielen der tückischen Krankheit zum Opfer; die meisten deutschen Päpste hatten in Rom kein langes Leben, und Friedrich Barbarossa verlor 1176 fast sein ganzes Heer, als er im Hochsommer nach altem Brauch am Fuße des Monte Mario lagerte. „Gestank macht um die Kranken her sich unerträglich breit;/ es stinkt das Roß, es stinkt der Mensch, es stinkt auch jedes Kleid;/ Gestank geht gräßlich aus/ von Weg und Steg und Haus!", so etwa dichtete Gottfried von Viterbo.

Zum anderen sorgten die Stadtbewohner dafür, daß nur wenige Kaiser sich in ‚ihrer' Stadt je sehr heimisch fühlen konnten. Das mittelalterliche Rom war eigentlich keine Stadt, sondern eine Welt für sich. Der Mauerring der römischen Caesaren war ihr viel zu groß geworden; zwischen den eindrucksvollen Ruinen jener großen Zeit weideten

Schafe, nur ein kleiner Teil im Tiberknie war dichter besiedelt. Das alte Forum und die sieben Hügel wurden von Geschlechtertürmen und Burgen beherrscht, die sich in den imposantesten Teilen der antiken Bauwerke eingenistet hatten; die Engelsburg um das alte Hadrians-Grab oder die Torre delle Milizie erinnern heute noch an diese Trutzburgen selbstbewußter Clans, die je nach Opportunität Papst, Kaiser oder lokale Machthaber unterstützten. Oft genug wurde es für die Päpste zum Problem, unbehelligt vom Lateran zur Peterskirche zu gelangen; die Stadtpolitik erinnerte oft an ein Halma-Spiel, es ging darum, von Befestigung zu Befestigung Brücken zu schlagen und gegnerische Bastionen dabei zu umgehen. Umso schwieriger war es für ortsfremde Könige, die sich nicht einmal, wie die Päpste, auf eine, wenn auch oft zerstrittene Schar von Geistlichen, Pfründnern und Asketen stützen konnten.
Seit dem 12. Jahrhundert wurde die Situation durch das gestiegene Selbstbewußtsein der Stadtbürger kompliziert, die, nach dem Vorbild der oberitalienischen Städte, eine selbständige Gemeinde bilden wollten und dabei auf antike Vorbilder zurückgriffen. Angeleitet von dem asketischen Prediger Arnold von Brescia, spielte der neugebildete ‚Heilige Senat' von Rom vorübergehend eine gewichtige Rolle. Als im Jahr 1155 Friedrich Barbarossa, seit drei Jahren deutscher König, vor der Stadt lagerte, machten ihm die Senatoren ein ungewöhnliches Angebot: „Kommt der König zur Kaiserkrönung nach Rom, so gebührt es sich, daß er nach dem Herkommen einzieht, also auf Goldenem Wagen, purpurgekleidet, vor sich im Kriege bezwungene Herrscher und Schätze überwundener Völker herführend. Er muß ferner die Stadt ehren, welche das Haupt der Welt und die Mutter des Reiches ist, und dem Senat erlegen, was durch Verordnungen festgesetzt ist: nämlich 15.000 Pfund (fast 5000 kg) Silber, damit so der Senat wohlwollend gestimmt wird und ihm den Triumphzug gewährt; wen die Reichsfürsten durch ihre Wahl zum König bestimmen, den erhebe der Senat durch seine Hoheit zum Kaiser." Dem König jedoch war dieser Preis für ein ‚echtrömisches' Kaisertum viel zu hoch, und er trat in Verhandlungen mit Papst Hadrian IV., einem Engländer mit dem sprechenden Namen Breakspear.
Doch auch mit dem Papst zerstritt sich Friedrich zunächst um ein symbolträchtiges Detail: Hadrian forderte von ihm, er solle den sogenannten Zügel- und Bügeldienst für ihn leisten, also dem Papst die Zügel und den Steigbügel seines Pferdes halten, was sonst Sache der Stallknechte war. Friedrich verweigerte das zunächst, weil er befürchtete, das könnte für die leidige Frage des päpstlichen Vorrangs von Bedeutung sein; erst als man ihm versicherte, die Geste würde nicht als Vasallendienst betrachtet werden, fand er sich dazu bereit. Nun konnte am 18. Juni 1155 die Kaiserkrönung stattfinden, wenn auch unter fast konspirativen Bedingungen: „Als man sich der Stadt näherte, schickte der König heimlich bei Nacht 900 Bewaffnete in den Petersdom, zugleich mit Beauftragten des Papstes, die Befehle an die Wachen überbrachten und die Krieger durch eine Hintertür in Dom und Burg einließen. Als der Morgen anbrach, kam dann der König mit dem ganzen Heere, und der Papst schritt ihm mit der Schar der Kardinäle entgegen und empfing ihn an den Stufen; sie zogen in den Petersdom und begannen das Werk der Weihe. Das Heer aber stand gewaffnet um das Gotteshaus und bewachte seinen König, bis die heilige Handlung beendet war." Doch schon während des Krönungsschmauses fielen die Römer über die Kaiserlichen her. Friedrichs Truppen wehrten den Angriff der selbstbewußten Städter ab; auch Arnold von Brescia wurde ergriffen und auf päpstliches Urteil hingerichtet. Mehr wollte sich Friedrich, gegen den Wunsch des Papstes, nicht in römische Probleme verstricken lassen und zog ab.
Trotz dieses wenig glänzenden Beginns konnte Otto von Freising, der babenbergische

Gelehrte und Verwandte des Kaisers, bald schreiben: „Nach den Stürmen der Vergangenheit strahlt nicht nur wieder der unerhört wolkenlose Himmel des Friedens, es ist auch das Ansehen des römischen Reiches dank der Tätigkeit des überall siegreichen Kaisers gestärkt.“ Friedrich, der später wegen seines rötlichen Bartes den Beinamen Barbarossa erhielt, ist einer der volkstümlichsten Kaiser geworden, und die Nachwelt verbindet mit seinem Regiment die Vorstellung von einer goldenen Zeit des Kaisertums. Das ist nicht zuletzt ein Erfolg der geschickten Selbstdarstellung des Stauferkaisers. Die staufische Propaganda griff das Schlagwort vom ‚Sacrum imperium‘, vom heiligen Reich, auf; so gelang es, dem zuletzt angeschlagenen Prestige des Kaisertums wieder etwas Glanz und Autorität zu verleihen. Seit dem ‚Investiturstreit‘ war das Kaisertum in der Defensive gewesen; Friedrich und seine Berater versuchten alte Rechte und vor allem den ‚honor imperii‘ wiederherzustellen, „den man geradezu als Kernstück der persönlichen Kaiseridee des Herrschers auffassen darf“, wie Heinrich Appelt schreibt: „Geboren aus dem ritterlichen Geist des Feudalismus, bezeichnet der Ausdruck nicht bloß die Ehre des Reiches, sondern auch den Rang und die Würde, den äußeren Glanz und die Machtentfaltung, das Amt und die mit ihm verbundene innere Verpflichtung des Kaisers, keine Minderung seiner Gerechtsame zu dulden.“ Die Heiligsprechung Karls des Großen, der Rückgriff auf antike Vorbilder und Vorstellungen des Römischen Rechtes und die Beharrung auf der Gleichrangigkeit mit dem Papsttum sollten dazu beitragen. Die Flexibilität, mit der Friedrich bei aller Hartnäkkigkeit auch Konzessionen zu machen wußte, hat zu beachtlichen Erfolgen geführt. Freilich hat die Ideologie vom Heiligen Reich auch starke Widerstände hervorgerufen; nicht nur in der Kirche, sondern auch in Westeuropa, wo der Vorrang des Imperiums wenig Gegenliebe fand. „Wer hat die Deutschen zu Richtern der Nationen bestellt? Wer hat diesen plumpen und wilden Menschen das Recht gegeben, nach Willkür einen Herrn über die Häupter der Menschenkinder zu setzen?“ So fragte damals der englische Gelehrte Johannes von Salisbury. Auch sollte nicht vergessen werden, daß die politischen Möglichkeiten Barbarossas, verglichen mit denen eines Otto I. oder Heinrich III., geschrumpft waren. Seine Königswahl und Nachfolge im Jahr 1152 war die erste seit langer Zeit, bei der die Kontinuität der Herrschaft gewahrt blieb.

Das Gewicht der Reichsfürsten war gewachsen. Als 1125 der letzte Salier, Heinrich V., kinderlos starb, hatten sie nicht den ‚logischen Nachfolger‘, den Staufer Friedrich (Barbarossas Großvater) gewählt, sondern den Sachsen Lothar, der weniger Mittel zur Verfügung – und keinen Sohn hatte. Der tüchtige Lothar baute binnen weniger Jahre eine beträchtliche Machtposition auf; sein Schwiegersohn, der Welfe Heinrich der Stolze von Bayern, hätte als Erbe des sächsischen Herzogtums die beste Ausgangsposition für ein starkes Königtum besessen. Doch wieder wählten die Fürsten 1137 den Schwächeren, diesmal war das der Staufer: Konrad III., der seine Regierungszeit vor allem in langwierigen Auseinandersetzungen mit dem Welfen und seinem Sohn Heinrich dem Löwen zubrachte. „Hie Welf, hie Waiblingen.“ Die Stadt Waiblingen war Mittelpunkt der schwäbischen Besitzungen der Staufer. Von ihr leitet sich auch die italienische Bezeichnung ‚Ghibellinen‘ ab. Der Konflikt der beiden Dynastien wurde für fast ein Jahrhundert zu einem Leitmotiv, das weitere Kreise zog. In den erstarkenden italienischen Städten benannten sich danach die prokaiserliche Partei ‚Ghibellinen‘, die päpstliche Richtung ‚Guelfen‘. Die Namen blieben noch lange erhalten, nachdem es keine Staufer mehr gab und die Auseinandersetzung zwischen Kaiser und Papst ihre Bedeutung eingebüßt hatte; doch Gründe, einander unter diesem Namen nach dem Leben zu trachten, fanden sich in den spätmittelalterlichen Kommunen allemal.

Als Friedrich I. 1152 seine Herrschaft antrat, galt er als Mann der Versöhnung; nicht ganz zu Unrecht, denn seine Mutter Judith war eine Welfin und Tante Heinrichs des Löwen. Tatsächlich gelang 1156 ein Ausgleich mit dem Welfen. Konrad III. hatte einst den Löwen zum Verzicht auf Bayern gezwungen, das die österreichischen Babenberger erhielten, die sich aber kaum durchsetzen konnten; nun erhielt der Welfe sein zweites Herzogtum zurück, die Babenberger wurden mit dem Herzogstitel und einem Ausbau ihrer landesfürstlichen Rechte entschädigt. Heinrich der Löwe nützte diese außergewöhnliche, fast königsgleiche Machtstellung vor allem zum systematischen Ausbau seiner Besitztümer im Nordosten. Als Herzog von Sachsen war er bestrebt, immer mehr Rechte, Güter und Einkünfte an sich zu ziehen – vor allem auf Kosten kleinerer Adelsfamilien. Große Möglichkeiten boten sich auch in der Ostpolitik. Das Slawenland östlich der Elbe wurde langsam von einem Netz von Stützpunkten überzogen; neue oder erneuerte Marken und Bistümer, Städte und Burgen dienten der herrschaftlichen Erfassung der Slawen und förderten auch den Zuzug deutscher Kolonisten. In der Burg Dankwarderode in Braunschweig, wo Heinrich der Löwe residierte, erinnert an ihn das außergewöhnliche Löwendenkmal, die erste frei im Raum stehende Großplastik des Mittelalters. Später rankte sich darum die Sage, Heinrich habe aus dem Heiligen Land einen Löwen mitgebracht, der nach dem Tod des Herzogs an seinem Grab gewacht habe und dort vor Kummer gestorben sei.
Es zeugt von der Kompromißbereitschaft, aber auch von den Grenzen der Macht Friedrich Barbarossas, daß er den Ausbau eines solchen ‚Reiches im Reiche' zwanzig Jahre lang duldete. Es war auch Ausdruck einer Art Aufgabenverteilung: Während der Welfe im Nordosten agierte, betrieb der Staufer vor allem Kaiser- und Italienpolitik. Die Konfrontation mit dem Papst erhitzte sich an dem berühmten Streit auf dem Reichstag von Besançon im Jahr 1157. Ein Beschwerdeschreiben Hadrians IV., das päpstliche Legaten überbrachten, enthielt den Hinweis auf die ‚beneficia', die der Papst dem Kaiser gewährt habe. Das Wort hätte auch harmlos als ‚Wohltaten' übersetzt werden können; der kaiserliche Kanzler faßte es jedoch im engeren Sinn als ‚Lehen' auf und machte den Legaten deswegen heftige Vorwürfe; diese gossen noch Öl ins Feuer, indem sie einwandten: „Von wem hat er denn das Kaisertum, wenn nicht vom Papst?" Die provokante Frage stellte das prekäre Gleichgewicht zwischen den beiden höchsten Gewalten der Christenheit wiederum in Frage, denn Kernsatz der staufischen Reichsauffassung war es, daß der Kaiser seine Herrschaft nur ‚divino beneficio', göttlicher Wohltat, verdanke.
Das zweite Konfliktfeld brach im folgenden Jahr bei Friedrichs zweitem Italienzug auf: Die Auseinandersetzung mit den oberitalienischen Städten, von denen der Kaiser sich nur auf wenige verlassen konnte. Brennpunkt der städtischen Opposition war Mailand, das der Staufer in diesem Jahr erstmals belagerte. Nach dem relativ raschen Erfolg gingen Friedrich und seine Juristen daran, auf dem großen Reichstag von Roncaglia die Königsrechte, die sogenannten ‚Regalien', für Italien neu festzulegen: Unter anderem beanspruchte er Märkte, Zölle, die Münzprägung, die oberste Gerichtsbarkeit, die Ernennung der höchsten städtischen Beamten und die Erhebung außerordentlicher Steuern, etwa anläßlich einer Romfahrt. Es war ein beeindruckender Katalog sehr lukrativer Einkunftsquellen, den die kaiserlichen Juristen zusammenstellten. Zwar enthielt er, nach damaligem Verständnis, nichts Ungebührliches und war zudem mit Wendungen aus dem römischen Recht abgesichert; doch ist es kein Wunder, daß die aufstrebenden Kommunen daran wenig Gefallen fanden. Denn Herrschaft beruhte in mittelalterlichem Verständnis durchaus auf Gegenseitigkeit; die Rechte des Königs entsprangen aus seinen Pflichten, etwa Schutz, Rechts- und Frie-

denssicherung. Für viele der selbstbewußten Städter war die Bindung an den Herrscher aus fernen Landen jedoch ein schlechtes Geschäft.

Die beiden Spannungsfelder mit Kirche und Kommunen entluden sich bald und verstrickten den Kaiser in einen fast zwanzigjährigen Konflikt, den er mit wechselndem Erfolg meisterte. Gegen den selbstbewußten Papst Alexander III., dem England und Frankreich, die lombardischen Städte und der Salzburger Erzbischof folgten, unterstützte er Gegenpäpste, die sich jedoch nie endgültig durchsetzen konnten; auf der anderen Seite war auch die Waffe des Papstes, nämlich die Exkommunikation des Kaisers, stumpf geworden. Das Ringen lief auf eine militärische Konfrontation Friedrichs mit oberitalienischen Städtebünden hinaus, deren er kaum Herr werden konnte. Im Jahr 1176 erreichte das Geschehen einen dramatischen Höhepunkt. Anfang des Jahres traf Friedrich seinen mächtigsten Gefolgsmann, Heinrich den Löwen, um von ihm Hilfe bei einem Italienzug zu erreichen. Diese berühmte Begegnung von Chiavenna führte zu keinem Ergebnis, denn der Welfe forderte als Preis die Überlassung der Reichsstadt Goslar, mit ihren Silberminen eine der Haupteinkunftsquellen des Reiches. Die gescheiterten Verhandlungen wurden bald propagandistisch ausgeschlachtet; die beiden Fürsten wurden sozusagen mit vertauschten Rollen dargestellt, der Kaiser auf den Knien vor dem Herzog, dem er schon lange nichts mehr zu befehlen hatte. Heinrich der Löwe, der sich durch ebenso zielstrebiges wie rücksichtsloses Vorgehen viele Feinde geschaffen hatte, sollte bald begreifen, daß er zu hoch gespielt hatte.
Zunächst jedoch mußte Friedrich die Folgen von Chiavenna ausbaden. Im Mai wurde sein Ritterheer bei Legnago von den Mailändern geschlagen. Nun zeigte sich Friedrichs Geschick darin, wie er aus der blamablen Niederlage mit diplomatischen Mitteln noch einen achtbaren Frieden herausholte. Am 24. Juli 1177 schlossen Kaiser und Papst auf dem Markusplatz einen feierlichen Friedensvertrag; Friedrich verzichtete praktisch auf die Reichshoheit über den Kirchenstaat, erkannte Alexander III. an und beharrte auch nicht auf dem Programm von Roncaglia. Dafür war auch vom grundsätzlichen Vorrang des Papstes vor dem Kaiser nicht die Rede, und die Frontstellung gegenüber den lombardischen Städten weichte sich auf, ohne daß hier wesentliche Entscheidungen gefallen waren; erst einige Jahre später verzichtete Friedrich auf die ohnehin nicht durchsetzbaren Regalien innerhalb der Stadtmauern. Die neue Eintracht zwischen Papst und Kaiser gab beiden die Möglichkeit, ihre Position zu festigen. Alexander III. setzte auf einem Laterankonzil eine neue Papstwahlordnung durch, nach der die Zweidrittelmehrheit der Kardinäle ausschlaggebend sein sollte, um in Hinkunft Doppelwahlen und die Erhebung von Gegenpäpsten zu erschweren. Es dauerte zwar noch Jahrhunderte, bis dieses Ziel wirklich erreicht wurde, aber der wesentliche Schritt war damit vorgegeben.
Auf der anderen Seite der Alpen lief zur selben Zeit das Drama von Hochmut und Fall Herzog Heinrichs. Friedrich selbst konnte sich dabei vornehm zurückhalten; Heinrichs Stolz und der Zorn seiner Widersacher fügten sich fast von selbst seiner diskreten Regie, und man mag darüber streiten, ob der Kaiser einem Plan folgte oder nur die Gunst der Stunde nützte. Der Erzbischof von Köln und der Bischof von Halberstadt, die im Streit mit dem Löwen lagen, klagten ihn 1178 vor dem Reichstag an. Der Kaiser lud den Beklagten mehrmals vor das Reichsgericht; der Herzog leistete den Vorladungen keine Folge, was einen Bruch seiner Lehensverpflichtungen bedeutete; daraufhin wurden ihm auf dem Reichstag von Würzburg im Januar 1180 die Herzogtümer Sachsen und Bayern aberkannt. Nun erwies sich, daß auch die Macht-

stellung des Löwen beschränkt war. Obwohl er wie kein anderer vor ihm sein Herzogtum territorial verankert hatte, war auch er letztlich auf die Loyalität seiner Lehensträger und Standeskollegen angewiesen, von denen nach über dreißig Jahren seiner Herrschaft zu viele zu wenig Grund hatten, dem Geächteten noch die Stange zu halten. Er mußte sich schließlich unterwerfen und durfte dafür seine Stammgüter behalten. Friedrich tat ein weiteres, um eine solche Machtkonzentration in Hinkunft auszuschalten: Er teilte die beiden Herzogtümer unter verschiedenen Herren auf. Es war ein folgenschwerer Schritt auf dem Weg zu jenem ‚Fleckerlteppich' mittlerer, kleiner und kleinster Herrschaften, der die Landkarte des späteren ‚Heiligen Römischen Reiches Deutscher Nation' ausmachte.

Die geschickte Diplomatie des Kaisers konnte einige Jahre später in Italien einen weiteren, doppelten Erfolg feiern: Das neue Bündnis mit alten Feinden, den Normannenkönigen in Süditalien und mit der Stadt Mailand, wurde 1186 mit einem glanzvollen Ereignis gekrönt: König Heinrich VI., der Sohn Barbarossas, heiratete in Mailand Konstanze, die Tochter Rogers II. von Sizilien. Friedrich Barbarossa, etwa fünfundsechzigjährig, stand nun sozusagen im Pensionsalter; ihm blieb noch eine große Aufgabe, mit der er sich im Verständnis der Zeit Kredit im Jenseits erwerben konnte: das Kreuz zu nehmen und zur Wiedergewinnung des vor kurzem von den Moslems zurückeroberten Jerusalem aufzubrechen. Dieses Ziel erreichte er freilich nicht mehr; am 10. Juni 1190 ertrank Friedrich Barbarossa beim Baden im Fluß Saleph, nahe der Südküste Kleinasiens. Bald begannen sich um den verschwundenen Kaiser und seine einstige Wiederkunft Legenden zu ranken.

Einen der größten, wenn auch durch einen Glücksfall zustandegekommenen Erfolge seiner Politik konnte der ‚entrückte' Kaiser nun nicht mehr erleben: Im November 1189 war der König von Sizilien kinderlos gestorben, Heinrich VI. war der nächste Erbe. Es dauerte einige Jahre, bis der König den Widerstand eines vom Papst unterstützten Rivalen brechen konnte; doch Ende 1194 zog er in Palermo ein. Damit war die kaiserliche Position in Italien wieder gestärkt; das Königreich Sizilien, das ganz Süditalien umfaßte, war damals noch keineswegs, wie heute, Problemgebiet, sondern einer der reichsten und bestorganisierten Staaten der Zeit. Mit dieser neuen Basis konnten die Staufer zudem den päpstlichen Machtbereich in Mittelitalien in die Zange nehmen. Es ist daher kein Wunder, daß die letzten Jahrzehnte staufischer Herrschaft vom erbitterten Widerstand der Päpste gegen die ‚unio regni ad imperium', die Vereinigung des Königreichs Sizilien mit dem Imperium, begleitet waren.

Heinrich VI. hatte keine Zeit mehr, dem neuen Stauferreich eine bleibende Grundlage zu geben. Sein Siegeszug endete 1197 in Messina mit dem Tod des 31jährigen Kaisers, dessen Sohn Friedrich erst drei Jahre zählte. Wenige Monate später bestieg in Rom einer der bedeutendsten Päpste des Mittelalters den heiligen Stuhl: Innozenz III. Ihm übertrug Friedrichs Mutter Konstanze, die ihren Gatten nicht lange überlebte, die Regentschaft über den jungen König von Sizilien. In Deutschland kamen zunächst andere ans Ruder; aber auch hier zog im jahrelangen Thronstreit zwischen dem Staufer Philipp von Schwaben, Bruder Heinrichs VI., und dem Welfen Otto IV., Sohn Heinrichs des Löwen, der Papst die Fäden. Zunächst unterstützte er Otto gegen den überlegenen Philipp; als dieser ermordet wurde und Otto nach staufischem Vorbild nach Süditalien ausgriff, spielte der Papst den nächsten Trumpf aus und schickte den jungen Friedrich II. nach Deutschland. Tatsächlich konnte sich das ‚Kind von Pülle', der Knabe aus Apulien, wie man ihn nannte, gegen den Welfen durchsetzen; die Entscheidung fiel, in weitgespannten Allianzen, an einem Sonntag des Jahres 1214 in Bouvines, wo der französische König die mit den Welfen verbündeten Engländer schlug. Am 25. Juli 1215 wurde Friedrich II. in Aachen zum König gekrönt, 1220 folgte in Rom die Kaiserkrönung.

Person und Charakter Friedrichs II., seine Herrschaftsauffassung und seine an dramatischen Ereignissen reiche Regierungszeit sind in wenigen Sätzen kaum zu skizzieren. ‚Stupor mundi', das Staunen der Welt, so nannten ihn Zeitgenossen. Seine vielseitige Bildung, seine Sorge für eine effiziente Verwaltung, das Interesse an Wissenschaft und Philosophie, skeptisches Fragen, das auch vor christlichen Dogmen nicht haltmachte, lassen ihn manchmal als überraschend modernen Menschen erscheinen. Nicht ganz zufällig warf ihm Papst Gregor IX. einmal vor: „Dieser König der Pestilenz hat nach seinen eigenen Worten erklärt ... der Mensch solle nichts glauben, was nicht durch die Natur und die Vernunft bewiesen werden könne." Auf der anderen Seite war er keineswegs unreligiös, glaubte wie viele Zeitgenossen an den baldigen Weltuntergang und erließ in seinem Reich grausame Gesetze gegen Ketzer, denen Folter und Feuertod drohten. Überhaupt reglementierte er das Leben seiner Untertanen wie kein mittelalterlicher Herrscher vor ihm; wieder war es Papst Gregor, der ihm propagandistisch vorwarf: „In deinem Reich wagt niemand ohne Deinen Befehl die Hand oder den Fuß zu bewegen."

Diese Aufwertung des Staates stützte sich geradezu auf eine Reichsmystik, auf eine Heiligung der Herrschaft, die den Gedanken des Sacrum Imperium noch steigerte. In Friedrichs Briefen und Urkunden finden sich „Begriffe und Wendungen der Heiligen Schrift und Liturgie, die bis dahin allein der göttlichen Majestät vorbehalten gewesen waren, zur Verherrlichung des irdischen Kaisertums verwendet", stellt Hans Martin Schaller fest. Der Staufer ließ sich als divus (göttlich), ja vereinzelt sogar als sanctissimus imperator (heiligster Kaiser) feiern, seinen Geburtsort Jesi als neues Bethlehem, und das berühmte Castel del Monte, das er in Apulien errichten ließ, sollte mit seiner achteckigen Form wohl das himmlische Jerusalem symbolisieren. Daß er kampflos und nur durch Verhandlungen von den Moslems Jerusalem zurückgewonnen hatte, wo er sich selbst zum König von Jerusalem krönen konnte, betrachtete er als göttliches Wunder; auch wenn er bei der Einschiffung zur Rückkehr in Akkon mit Dreck beworfen wurde, war das einer seiner größten Erfolge. Er ließ sich prophezeien, daß das staufische Geschlecht bis zum Ende der Welt das Zepter nicht mehr aus der Hand geben würde; in seinen späteren Jahren predigte er selbst von der Kanzel des Doms von Pisa, ließ sich ein Kreuz vorantragen und erteilte dem Volk mit der Rechten seinen Segen.

Solche Zuspitzung der sakralen Kaiseridee mußte nicht nur zu einem unlösbaren Konflikt mit dem Papsttum führen; sie bot auch leichte Handhabe für die gegnerische Propaganda, die Friedrich als Frevler und Antichrist darstellte: „Es steigt aus dem Meer die Bestie voller Namen der Lästerung, die mit der Tatze des Bären und dem Maul des Löwen, an den übrigen Gliedern wie ein Leopard gestaltet, ihren Mund zu Lästerungen des göttlichen Namens öffnet und nicht aufhört, auf Gottes Zelt und die Heiligen in den Himmeln die gleichen Speere zu schleudern. Mit eisernen Krallen und Zähnen begehrt sie alles zu zermalmen und mit ihren Füßen die ganze Welt zu zerstampfen . . ." Die „Bestie Friedrich" und der „römische Oberpriester", wie der Kaiser ihn verächtlich nannte, lieferten einander ein immer erbitterteres Ringen mit Schmähschriften – und mit zunehmender Grausamkeit. Es war ein Kampf, der beide Universalmächte kompromittierte. Die feierliche Absetzung Friedrichs, die der Papst 1245 aussprach, gab der Fürstenopposition in Deutschland Auftrieb, auch wenn der Kaiser den deutschen Fürsten im Lauf der Zeit relativ große Zugeständnisse gemacht hatte. Am Kampf mit den oberitalienischen Städten rieb sich Friedrich langsam auf;

seine letzten Lebensjahre brachten eine Reihe schwerer Rückschläge. Bei der Belagerung von Parma gelang es den Bürgern der Stadt, bei einem Ausfall in Abwesenheit des Kaisers sein Lager zu plündern: „Des Kaisers Schatz, die Herrschaftszeichen, die Kanzlei, das Siegel, die Bibliothek, das Falkenbuch, der Tierpark wurden erbeutet; der Harem wurde weggeführt“, faßt Walther Lammers diese Katastrophe zusammen. Im folgenden Jahr wurde ein Komplott enger Vertrauter gegen den Kaiser aufgedeckt; sein Leibarzt, der daran beteiligt war, hätte ihn vergiften sollen. Friedrich nahm furchtbare Rache, die Verschwörer wurden verstümmelt, geblendet und so von Stadt zu Stadt geschleppt und ausgestellt. Der nächste Schlag war geradezu symbolisch: die Bologneser nahmen Friedrichs Sohn „Re Enzo“, König Heinz, gefangen und hielten ihn in dem heute noch nach ihm benannten Palast 23 Jahre lang fest.

Friedrichs Politik fand nach seinem Tod am 13. Dezember 1250 keinen Nachfolger mehr, der ihr gewachsen war. Die Staufer der nächsten und übernächsten Generation scheiterten einer nach dem anderen am Versuch, das sizilische Reich zu halten oder wiederzugewinnen; und in Deutschland markierte ein jahrzehntelanges ‚Interregnum‘ einen fatalen Einschnitt in der mittelalterlichen Reichsgeschichte.

75

Oben: *75* Die Heimat der Staufer – hier, bei Göppingen, zwischen Neckar und Donau, stand die Burg Hohenstaufen.

Folgende linke Seite: *76* Der „Bamberger Reiter“ aus der Spätzeit der Staufer steht neben einem Chorpfeiler des Bamberger Domes: Waffenlos, doch in herrscherlicher Pose, verkörpert er ein Idealbild des staufischen Herrschers, möglicherweise den Kaiser Konstantin.

Folgende rechte Seite und darauffolgende Doppelseite: *77, 78, 79, 80, 81, 82, 83* Der Adel der Stauferzeit: Die „Stifterfiguren“ im Westchor des Domes von Naumburg. Die elf Statuen von längst verstorbenen Mitgliedern der Gründerfamilie nützte der in Frankreich ausgebildete unbekannte Bildhauer dazu, typische hohe Herren seiner Zeit darzustellen: nicht mehr idealisiert, sondern fast schon karikiert. Damit schuf er auch ein Denkmal der politischen Religiosität seiner Zeit: Der weltliche Adel verschaffte sich, trotz keineswegs christlicher Lebensführung, „Kredit“ im Jenseits durch Spenden an die Kirche.
(Folgende rechte Seite oben links Timo von Küstritz, oben rechts Dietmar von Meißen, unten links Wilhelm von Komburg, unten rechts Sizzo von Kefernburg.
Darauffolgende Doppelseite links: Uta und Ekkehard II. von Meißen. Rechts: Regelindis.)

126

77

78

79

80

81

82

129

84

Oben und gegenüberliegende Seite: *84, 85* Die Ruinen der Pfalz von Gelnhausen, in der Nähe von Frankfurt am Main, um 1180 unter Friedrich Barbarossa errichtet.

86

86 Heinrich der Löwe und seine Gemahlin Mathilde – die Figuren auf dem Grab im Braunschweiger Dom entstanden zwischen 1230 und 1240, fast ein halbes Jahrhundert nach dem Tod des großen Welfen (1195).

87

87 Stolz der Welfen: Der bronzene Löwe vor dem Dom von Braunschweig, 1166 aufgestellt, Sinnbild der Ambitionen Heinrichs des Löwen.

88

88 Macht, Mystik, Mathematik – das Castel del Monte in Apulien hat Friedrich II. angeblich selbst entworfen. Achteckig wie die Reichskrone, streng und doch harmonisch blickt es von einem sanften Hügel über die weite Landschaft.

89

Oben: *89* Das „Staunen der Welt“ beendete seinen Weg in einem wahrhaft imperialen Grab aus Porphyr, von vier Löwen getragen, im Dom von Palermo. Dahinter das Grabmal seines Vaters Heinrich VI.

Folgende Seite oben: *90* Spuren der Schwabenherrschaft: Der Adler Friedrichs II. an einem Fenster des Kastells von Barletta in Apulien.

Folgende Seite unten: *91* Die kaiserliche Familie: Relief von 1229 an der Kanzel der Kathedrale von Bitonto (Apulien). Links Friedrich II. auf dem Thron, daneben seine Frau Isabella von Jerusalem, und zwei Söhne (rechts der spätere König Heinrich). Isabella verbrachte ihre kurze Ehe, nach islamischem Vorbild von Eunuchen bewacht, in einem Kastell bei Neapel und starb bei der Geburt ihres zweiten Sohnes.

90

91

VI. DAS UNVOLLENDETE REICH: VON RUDOLF I. BIS FRIEDRICH III.

So wirkkräftig die Idee eines Kaisertums auch gewesen sein mag, so hat es in den 490 Jahren zwischen 962 und 1452 nur rund 180 Jahre gegeben, da ein vom Papst gekrönter Kaiser herrschte", faßt Fuhrmann ein Paradox der Reichsgeschichte zusammen. Acht verschiedene Geschlechter trugen in dieser Zeit die Kaiserkrone, teils nur wenige Jahre lang. Rechnet man dazu die zahlreichen Könige und Gegenkönige, die sich als Anwärter betrachten konnten, kommt man zumindest auf die doppelte Anzahl von Familien. Jene Harmonie der weltlichen Angelegenheiten, jener vom Kaiser garantierte Friedenszustand, die das Reich zum Spiegelbild göttlicher Ordnung machen sollten, waren bestenfalls die Ausnahme, nicht die Regel. Selbst die Familie bot keineswegs Schutz vor der Zwietracht, die dem Ringen um die höchste Gewalt entsprang. Karl der Große, Ludwig der Fromme, Otto I., Heinrich IV. und Friedrich II. – sie alle mußten, teils mehrfach, gegen ihre eigenen Söhne, die sich erhoben hatten, zu den Waffen greifen. Dazu kamen die unerschöpflichen Auseinandersetzungen zwischen Kaiser und Papst, den beiden höchsten Garanten der Weltordnung; und natürlich die ‚ganz normale' Friedlosigkeit, die Fehden und Auseinandersetzungen zwischen Fürsten, hohen Klerikern oder Adeligen oder zwischen ihnen und dem König.

Die Bedeutung dieser ständigen Machtkämpfe für die Zeitgenossen darf natürlich nicht überschätzt werden. „Der rudimentäre Charakter der staatlichen, d.h. königlichen Verwaltung hatte sein Gutes in Zeiten des Verfalls der Zentralgewalt: Dieser löste keine Anarchie aus, und der Großteil der Bevölkerung wurde von ihm erst betroffen, wenn unklare Machtverhältnisse in der betreffenden Landschaft mit Gewalt bereinigt wurden", stellt Heinrich Fichtenau fest. Für die Masse der Menschen war gleichgültig, wer die römische Krone trug – sie waren ihrem Herrn verpflichtet, der mehr oder weniger nahe hinter den Mauern seiner Burg saß, und gehörten als Untertanen zu seiner „familia". An der hohen Politik hatten sie keinen Anteil. Für die größeren und kleineren ‚Herren' wiederum, so unterschiedlich ihre Stellung im einzelnen war, bedeutete gerade das gegenüber der königlichen Zentralgewalt einen entscheidenden Vorteil: Sie waren ihren Untertanen näher, von deren Arbeit sie lebten; ihre lokale oder regionale Machtstellung war von der herrscherlichen Gewalt fast autonom. Zwar hatten sie ihren Besitz einst als Lehen vom König (oder einem seiner Großen) erhalten; doch seit dem späten neunten oder zehnten Jahrhundert waren die Lehen erblich geworden, und nur noch ausnahmsweise hatte der König direkte Zugriffsmöglichkeit auf ‚sein' Land.

Die Macht hatte im Mittelalter keinen festen Platz: Sie neigte dazu, sich aufzulösen und zu verteilen, immer wieder vorübergehend an einem Punkt zu konzentrieren, wo sie aber immer Gegenkräfte auslöste, die umso stärker wurden, je größer ihre Konzentration war. Nur so ist die mittelalterliche Kaisergeschichte zu verstehen: Eine stets prekäre Balance zwischen widerstrebenden Kräften. Die ‚deutschen' Könige des 10., 11. Jahrhunderts hatten es verstanden, eine für ihre Zeit außergewöhnliche Konzentration von Macht zu erreichen. Die französischen Könige derselben Zeit hatten gegenüber den führenden Adelsgeschlechtern ihres Reiches lange nicht so viele Möglichkeiten. Doch im Laufe von Jahrhunderten gelang es in Frankreich der kapetingischen Dynastie, das Wahlrecht des Adels auszuschalten und ihr Königtum zu konsolidieren - nicht ohne Rückschläge, wie im ‚Hundertjährigen Krieg'. Das Römische Reich der Deutschen ging den umgekehrten Weg. Seine Könige und Kaiser mußten es mit zu vielen Gegnern gleichzeitig aufnehmen: dem Papst, italienischen Adelsgeschlechtern und Städten, den Fürsten und Herren eines Territoriums, das viel größer war als bei allen anderen abendländischen Mächten. Mit den damaligen Mitteln war ein solches Imperium kaum auf Dauer zu kontrollieren. Die Festigung der Herrschaft setzte daher eine Stufe tiefer an: bei den Reichsfürsten, die, jeder auf seinem Gebiet, Schritt für Schritt ihre Herrschaftsrechte ausbauten. Was Heinrich der Löwe, eine Spur zu rücksichtslos, versucht hatte, tat bald jeder Fürst. Die konsolidierte Machtposition stärkte ihren Rücken gegenüber dem König; seit dem 13. Jahrhundert blieb diesem nichts anderes übrig, als dieses Spiel mitzuspielen: den eigenen Besitz im Reich zu festigen, auch auf Kosten des Reiches. Von dieser „Hausmachtpolitik" ist die Reichsgeschichte des späten Mittelalters gekennzeichnet.

So sehr Friedrich II. im Königreich Sizilien auf Durchsetzung der königlichen Gewalt geachtet hatte, gegen die deutschen Fürsten war er sehr kompromißbereit. Bei den weitgehenden Zugeständnissen, die er ihnen machte, sind gar nicht so sehr einzelne Formulierungen ausschlaggebend, sondern „Geist und Prinzip", wie Mitteis es formuliert hat. Die Reichsfürsten treten als gleichberechtigte Partner auf, mit denen eine „confoederatio", eine Abmachung mit Gesetzeskraft, geschlossen wird. Das gesteigerte Selbstbewußtsein der Fürsten bekam schon Friedrich II. in seinen letzten Lebensjahren zu spüren, als dem gebannten Kaiser nacheinander zwei allerdings nicht sehr durchschlagskräftige Gegenkönige vor die Nase gesetzt wurden. Jedenfalls förderte es den raschen Zerfall staufischer Macht nach dem Tod des Kaisers aus dem Süden; während die letzten Staufer noch um das sizilianische Erbe rangen, trugen in Deutschland zwei mehr oder weniger abwesende Herren den Königstitel: Nachdem Wilhelm von Holland jung gestorbenen war, wurden Richard von Cornwall, ein Bruder des englischen Königs, und Alfons, König von Kastilien, 1257 von verschiedenen Fürstengruppen gewählt. Wie schon unter Friedrich II., sollten also mächtige, aber vor allem anderswo interessierte Könige sozusagen von fern die freie Entfaltung der Fürsten garantieren. Das Beispiel zeigt, wie wenig deutsch deutsche Fürsten damals dachten; ebenso wie die Anhänger staufischer Universalherrschft orientierten sie sich an übernationalen Gesichtspunkten.

Keiner der beiden Könige konnte sich endgültig durchsetzen; diese Zeit der Wirren wird in den Geschichtsbüchern meist ‚Interregnum', königslose Zeit, genannt, doch gab es genau genommen mehrere Könige, nicht keinen. Die langwierigen Auseinandersetzungen endeten erst über zwanzig Jahre später, nachdem der Engländer schon tot und der Spanier längst aus dem Rennen war. Ende August 1278 besiegte Rudolf von

Habsburg, fünf Jahre zuvor zum König gewählt, den Böhmenkönig Ottokar, seinen zunächst übermächtig scheinenden Konkurrenten, in der Schlacht bei Dürnkrut und Jedenspeigen an der March. Mit dem Erwerb des relativ kleinen, aber gefestigten Österreich für seine Familie begann der „schwäbische Graf" den Aufbau einer Hausmacht im Südosten des Reiches.

Die habsburgischen Bemühungen sollten langfristig das Gesicht des Reiches verändern; mittelfristig gelang es den tatkräftigen Schwaben nicht, sich auf dem Thron zu behaupten. Rudolfs Sohn, Albrecht I., fand wenig Sympathien; ein Zeitgenosse schrieb über ihn: „Er war ein gepaurischer man an der persone und het neur ein auge und gar einen unwirdischen anplich." Dem häßlichen Habsburger wurde zunächst Adolf von Nassau vorgezogen; dessen Versuche, eine Hausmacht zu erwerben, führten allerdings zu einem bislang unerhörten Schritt der Kurfürsten: Sie strengten einen Prozeß gegen König Adolf an, befanden ihn für ‚untauglich und unnütz' zur Herrschaft und setzten ihn ab. Wenige Tage später schlug, und erschlug, Albrecht den Abgesetzten. Nun konnte der Habsburger doch noch den Thron besteigen. Aber auch er nahm ein blutiges Ende: Sein eigener Neffe Johann, der sich um sein Erbe geprellt fühlte, erstach ihn im Jahr 1308 meuchlings. Es sollte über ein Jahrhundert dauern, bis sich wieder ein Habsburger auf dem Thron einrichten konnte – abgesehen vom recht erfolglosen Gegen- und Nebenkönigtum von Albrechts Sohn Friedrich, später „der Schöne" genannt.

Abermals kam eine andere Familie zum Zug. Zunächst sah es fast so aus, als hätte ein Bruder des französischen Königs die besten Chancen. Um den einflußreichen Bewerber nicht völlig vor den Kopf zu stoßen, wählten die Fürsten schließlich den Luxemburger Heinrich, der, wie an der Westgrenze des Reiches nicht unüblich, Lehensmann des Reiches und des französischen Königs war; zudem war er in der französischen Adelskultur aufgewachsen, und Französisch war seine Muttersprache. Heinrich VII. war der erste König, der nach fast einem Jahrhundert wieder nach Rom aufbrach, um sich dort die Kaiserkrone zu holen. Mit einem Gefolge von höchstens 5000 Bewaffneten, zum Großteil Söldnern, zog er im Oktober 1310 über die Alpen. Dort wurde er mit gemischten Gefühlen aufgenommen. Dante, aus Florenz verbannt, drängte in großen Aufrufen auf eine Wiederherstellung der Kaiserherrschaft, von der er sich ein Ende der Parteien- und Städtekämpfe erhoffte. Doch konnte Heinrich nicht verhindern, daß er selbst Partei wurde. Ein Aufstand in Mailand, die monatelange Belagerung von Brescia, der Tod eines Bruders und seiner Gemahlin begleiteten Heinrichs langsamen Vormarsch nach Rom.

Am 6. Mai 1312 zog Heinrichs Heer über die Milvische Brücke; schon empfingen ihn seine Gegner von einem sicheren Turm aus mit Pfeilschüssen. Rom war gespalten; den Lateran beherrschten die Colonna, Anhänger des Königs, während das andere Tiberufer in der Hand der guelfischen Orsini und der Truppen des Königs Robert von Neapel war. Papst Clemens V. aber war im Exil in Avignon, mehr oder weniger unter der Kontrolle des französischen Königs. Wenn schon nicht durch den Papst, wollte Heinrich die Kaiserkrone wenigstens an der richtigen Stelle, in der Peterskirche, empfangen. Fast zwei Monate vergingen mit hitzigen Stellungskämpfen in der Ewigen Stadt; Heinrichs Leute konnten zwar das Kapitol erstürmen, nicht aber die Engelsburg. Dabei hatten auch die anwesenden Geistlichen teils nach Kräften mitgekämpft. Der Erzbischof Balduin von Trier, Bruder des Königs, ließ sich in der Bilderchronik von Heinrichs Italienzug, die er in Auftrag gab, darstellen, wie er bei der Belagerung der Engelsburg einem Orsini den Kopf spaltet. Schließlich ließ Heinrich VII. sich am 29. Juni 1312 in der Laterankirche von zwei Kardinälen zum Kaiser krönen.

Der Formfehler tat seinem Kaisertum keinen Abbruch. Von Experten des römischen Rechtes, das von italienischen Universitäten, besonders Bologna, aus schon längst seinen Siegeszug begonnen hatte, ließ er sich ein ehrgeiziges Herrschaftsprogramm formulieren. An alle Fürsten des Abendlandes sandte er Manifeste, in denen er nichts weniger als die Oberherrschaft über alle Länder forderte, so, wie Gott sie im Himmel ausübte. Solche Ansprüche waren in der Kaiseridee schon immer mitgeschwungen; selten wurden sie so deutlich als politisches Programm propagiert wie diesmal. Die großen Worte mündeten in einen hitzigen Gelehrtenstreit, lösten Ablehnung und Widerstand, aber auch Zustimmung aus. Heinrich blieb in Italien, um hier die Sache des Reiches auszufechten; in der Toskana hatte er eine Stadt mit dem sprechenden Namen Monte Imperiale gegründet, und hier verurteilte er seinen Gegner Robert von Neapel wegen Majestätsverbrechens. Die Probe aufs Exempel kam jedoch nicht mehr zustande. Wie so mancher vor ihm, erlag der über vierzigjährige Kaiser am 24. August 1313 der Malaria. Im kaisertreuen Pisa wurde er bestattet; sein Heer löste sich auf, und Italien konnte zur Tagesordnung zurückkehren.

Die folgenden Jahrzehnte standen im Zeichen eines Tauziehens zwischen den drei Familien, die das Spiel der ‚Hausmachtpolitik' am erfolgreichsten zu betreiben wußten. Der Luxemburger Heinrich hatte seine kurze Regierungszeit genützt, um seinem Sohn das Königreich Böhmen zu sichern; doch bei der Nachfolge seines Vaters im Reich konnte sich der achtzehnjährige Johann nicht durchsetzen. Sie wurde zwischen den österreichischen Habsburgern und den bayerischen Wittelsbachern entschieden. Schließlich setzte sich Ludwig der Bayer gegen seinen habsburgischen Rivalen Friedrich durch.

Die Herrschaft des Wittelsbachers war geprägt durch die letzte große Auseinandersetzung zwischen Kaiser und Papst. In Avignon residierte damals der greise Johannes XXII., ein begnadeter Bürokrat und einer der Pioniere ‚moderner' Verwaltung. Die Heranziehung spezialisierten Personals, eine genaue Kompetenzeneinteilung, schriftliche Weisungen und Eingaben, systematische Registerführung, das ganze ABC des ‚Amtsschimmels' wurde in jener Zeit weiterentwickelt. Die päpstlichen Behörden hatten immer schon einen Vorsprung gegenüber der ‚mobilen' Kanzlei der reisenden Könige; Papst Johannes XXII. baute einen für seine Zeit ungeheuren Verwaltungsapparat auf. Das war ein äußerst einträgliches Geschäft, denn bezahlen für die Amtshandlung mußten die Betroffenen. Der Papst behielt sich das Recht vor, eine große Zahl Kirchenämter zu besetzen, und kassierte dafür von denen, die dabei zum Zug kamen; großzügig verteilte er allerlei Sonderrechte, Ehren und Würden, für die er ebenso großzügige Gebühren einhob; Ausnahmen von Kirchengeboten und Bußgelder brachten auch beträchtliche Summen ein; schließlich wurden immer mehr Rechtsstreitigkeiten vor den Papst gebracht, von dessen Autorität man sich am ehesten erwartete, daß das Urteil auch geachtet würde – Prozesse, die nicht selten Unsummen kosteten. Die römischen Könige und Kaiser hatten diesem profitablen Apparat wenig entgegenzusetzen. Ihr einziges Plus war, daß ein so sehr auf Profit ausgerichtetes Papsttum viele Christen vor den Kopf stieß; je reicher die Kirche wurde, desto größer wurden auch die Widerstände, auf die sie stieß, von der franziskanischen Armutsbewegung über Hus bis hin zu Luther und Calvin.

Johannes XXII. hatte so sehr vom Thronstreit zwischen dem Habsburger und dem Bayern profitiert, daß er alles tat, um eine Konsolidierung des Königtums zu verhindern; Ludwig der Bayer wiederum verbündete sich mit kirchlichen Gegnern des Papstes, vor allem einigen führenden Franziskanern, die das Armutsideal ihres Ordensgründers ernst nahmen. Im jahrelangen Streit wurde noch einmal alles aufgeboten, was seit dem Investiturstreit im Repertoire der beiden Parteien war: Der Papst verurteilte den König wegen Ungehorsams und Häresie, setzte ihn ab, bannte ihn und seine Anhänger, versuchte die Kurfürsten zur Wahl eines Gegenkönigs zu zwingen, ja rief gegen Ludwig zum Kreuzzug auf. Dieser wiederum setzte den „mystischen Antichrist, der sich Papst nennt" ab, verbot allen Päpsten, außerhalb Roms zu residieren, setzte dort einen Gegenpapst ein und versuchte ein Konzil zustandezubringen, das Johannes absetzen sollte. Der politische Fernkampf mit stumpf gewordenen Waffen verknüpfte sich mit verzwickten theologischen Auseinandersetzungen, die für die Protagonisten jederzeit auf dem Scheiterhaufen enden konnten; sogar der Papst selbst war vor dem Vorwurf der Häresie nicht gefeit. Umberto Eco hat nicht zufällig die erregten Diskussionen jener Jahre als Rahmen seines Romans „Der Name der Rose" ausgewählt, der im Spätherbst 1327 in einer imaginären Abtei in Norditalien spielt.

In jenem Jahr war auch König Ludwig in Italien; zu Pfingsten ließ er sich in Mailand von italienischen Bischöfen, die daraufhin dem päpstlichen Bann verfielen, zum König von Italien krönen; den Rest des Jahres nützte er, um mit Hilfe des Castruccio Castracane von Lucca, eines rücksichtslosen Emporkömmlings, seine Gegner zurückzudrängen. Am 7. Jänner 1328 zog er in Rom ein; er war wohl der einzige Kaiser des Spätmittelalters, der hier mit Jubel begrüßt wurde. Daß die Päpste nun in Avignon residierten, hatte die Römer erbittert, und das Regiment Roberts von Neapel, der Heinrich VII. solche Schwierigkeiten gemacht hatte, war ihnen inzwischen gründlich verhaßt. Unter der Führung der Colonna hatte sich eine republikanische Regierung gebildet, und der ‚Capitano del Popolo' Sciarra Colonna krönte am 17. Jänner 1328 König Ludwig in der Peterskirche zum Kaiser. Der Bayer gab den Römern, was sie offensichtlich haben wollten: einen Papst. Von diesem ließ er sich dann zu Pfingsten noch einmal die Kaiserkrone aufsetzen; die republikanische Kaiserkrönung durch einen ‚Volkskapitän' erschien ihm doch nicht ausreichend. Die unübliche Eintracht mit den Römern währte nicht lange. Papst wie Kaiser brauchten Geld, was die Römer erzürnte; schon Anfang August mußten sie sich beide vor einem drohenden Aufruhr zurückziehen. Schließlich kehrte Ludwig im Winter 1329/30 ohne bleibenden Erfolg nach Bayern zurück; ‚sein' Papst beeilte sich, dem Kollegen in Avignon eilends seine reuige Unterwerfung mitzuteilen.

In Deutschland gelang es Kaiser Ludwig besser, den Widerstand gegen päpstliche Übergriffe zu mobilisieren. Eine Versammlung der Kurfürsten stellte im Jahr 1338 in Rhens grundsätzlich fest, daß der mit Mehrheit von den Kurfürsten gewählte König keiner päpstlichen Bestätigung bedürfe. Ludwig nützte die günstige Stimmung, um wenig später per Reichsgesetz zu verkünden, daß allein die deutsche Königswahl ohne jede päpstliche Mitwirkung das Recht auf das universale Kaisertum begründe, was im folgenden Jahr auch die Kurfürsten billigten. Die massiven Interventionen des Papstes hatten eine Art Reichspatriotismus ausgelöst, dessen Träger nicht zuletzt die Kurfürsten waren. Denn nun verkörperten die Kurfürsten zumindest ebensosehr wie die wechselnden Könige aus verschiedenen Dynastien das Reich; die Goldene Bulle von 1356 gebraucht das Bild von den sieben Säulen oder Leuchtern, die den heiligen Bau des Römischen Reiches tragen. Das Königtum war, was natürlich nicht ausdrücklich gesagt wurde, nicht mehr als ein Dach, das den ganzen Bau zusammenhielt, aber nicht mehr auf eigenen Füßen stehen konnte. Zu den Kurfürsten kamen als Stützen des Reiches die restlichen Stände, Fürsten, Geistliche und Vertreter der Reichsstädte. Ihr Mitwirkungsrecht in allen wesentlichen Fragen entfaltete sich im 14. Jahrhundert auch im Reich. Bald erhoben sie den Anspruch, dem König gegenüber das Reich zu vertreten, ja zu verkörpern; seine Möglichkeiten, noch Reichspolitik zu betreiben, wurden immer weiter eingeschränkt. Der König als König verfügte über immer weniger Einkünfte und keine Möglichkeit mehr, sich neue zu schaffen; auch von der Pflicht zur Heerfolge hatten sich die Fürsten im Lauf der Zeit befreien können. Auf der anderen Seite hatte der König beachtliche Verpflichtungen; schon bei der Wahl war es üblich, sich bei den Kurfürsten mit großen Zahlungen zu bedanken.

Das Königtum war also ein Verlustgeschäft, das überhaupt nur durch Hausmachtpolitik zu finanzieren war; den Erwerb neuer Territorien erleichterte es allerdings immer noch. Es kam nur darauf an, wie geschickt man dabei vorging. Ludwig der Bayer kosteten einige taktische Fehler schließlich doch noch fast seine Krone, gerade, als er sich unbestritten fühlen konnte. 1346 wurde unter der Regie des greisen Balduin von Trier, der schon an Kaiser Heinrichs Romzug teilgenommen hatte, der Luxemburger Karl zum Gegenkönig gewählt. Karl IV., der ursprünglich Wenzel geheißen hatte, war in Frankreich aufgewachsen, wohin seine Familie immer noch ausgezeichnete Beziehungen pflegte. An der Seite des französischen Königs erlebte er auch wenige Wochen nach seiner Königswahl eine seiner bittersten Niederlagen. Bei Crécy triumphierten, am Beginn eines Krieges, der sich noch zum „hundertjährigen" auswachsen sollte, die Engländer über Frankreich und seine böhmischen Verbündeten. Karls blinder Vater Johann fiel, und der junge König mußte sich Geld ausborgen, um überhaupt das Begräbnis des Vaters finanzieren zu können; teils verkleidet kehrte er in ‚sein' Reich zurück. Bevor er noch den Kampf gegen Ludwig den Bayern aufnehmen konnte, fiel der bei der Bärenjagd vom Pferd und war tot.

Das nächste Problem war die Bezahlung seiner Wähler und die Finanzierung seiner weiteren Politik. Ebenso geschickt wie rücksichtslos deckte Karl IV. seinen ständigen Finanzbedarf durch einen restlosen Ausverkauf von Reichsrechten; er verpfändete sogar ganze Reichsstädte. Einen weiteren Anlaß, schnell zu Geld zu kommen, bot die Katastrophe, die 1348/49 Europa entvölkerte: die Pest. Der Ausbruch der unerklärlichen Seuche wurde an vielen Orten den Juden in die Schuhe geschoben; zu den Heimsuchungen durch die Epidemie kamen entsetzliche Judenverfolgungen. Nun unterstanden die Juden dem direkten Schutz des Königs, der dafür von ihnen Steuern kassierte. Karl IV. unternahm wenig, um sie vor Verfolgungen zu schützen; wahrscheinlich hätte er auch nicht die Mittel dazu gehabt. Er legte aber großen Wert darauf, sich den Verdienstentgang durch ihre Massakrierung ablösen zu lassen. Wenn möglich, sogar im vorhinein, wie in Frankfurt oder Nürnberg, wo Karls Verfügungen für den Fall, daß „die Juden daselbst nächstens erschlagen würden", erhalten sind.

Einen „Krämerkönig" nannten Karl IV. die Italiener. Anders als seine Vorgänger, kam der König ohne großes Gefolge und ohne große Manifeste – dafür mit aufgehaltener Hand: Moderne Berechnungen haben ergeben, daß Karl im Namen des Reiches bei seinem Italienzug von 1354/55 etwa 870.000 Gulden kassierte. Der Humanist Petrarca versuchte ihn für die Erneuerung Roms zu begeistern und war bald ebenso enttäuscht wie alle anderen, die sich vom König ein Eingreifen in ihrem Sinn erwartet hatten. Der bestätigte – gegen Geld und freies Geleit – auch die übelsten Tyrannen als Vertreter des Reiches. Ebenso abgekartet war die Kaiserkrönung. Im unruhigen Rom war wenige Monate zuvor der ehrgeizige ‚Volkstribun' Cola di Rienzo, der auf seine Weise eine Erneuerung Roms angestrebt hatte, von seinen Mitbürgern umgebracht worden. Karl wollte kein Risiko eingehen; er sagte zu, die Stadt noch am Tag seiner Krönung, zu Ostern 1355, zu verlassen. Sogar diese wenigen Stunden verstand der frischgekrönte Kaiser zu nutzen: er hatte einige Dutzend Urkunden mitgebracht, die er in dieser historischen Stunde, im Glanz kaiserlicher Autorität, bestätigen konnte. Diese Strategie war im großen und ganzen angemessen: Sie ersparte Kaiser und Reich überflüssige Konflikte, die zudem kaum zu gewinnen waren, wie die Bemühungen der beiden Vorgänger gezeigt hatten. Schon die Zeitgenossen hielten dem Kaiser zugute, ein Friedensfürst zu sein, der lieber mit Geld als mit Eisen seine Ziele erreichte. Daß er seinen Finanzbedarf nur auf anrüchige Weise einigermaßen stillen konnte, war nicht seine Schuld. Für seine Nachfolger freilich mußte sich die Politik des Kaisers ruinös auswirken; er hinterließ ihnen kaum etwas, was sie noch zu Geld hätten machen können. Auch die Vorrechte der Kurfürsten wurden unter seiner Regierung endgültig festgeschrieben. In der berühmten ‚Goldenen Bulle' von 1356 (also einer mit einem Siegel in goldener Kapsel bekräftigten Urkunde) wurde die Königswahl und die Stellung der sieben Kurfürsten genau geregelt. Sie war der Endpunkt einer jahrhundertelangen Entwicklung, die die Kurfürsten zu den eigentlichen Hütern des Reiches machte; für spätere Zeiten wurde sie zu einer Art Reichsgrundgesetz, auch wenn sie nicht die Rechte des Königs, sondern nur die seiner Wähler regelte.

Anderes im Interesse des Reiches durchzusetzen, etwa eine einheitlichere Regelung für Zölle oder Münzen oder Maßnahmen zur Friedenssicherung, gelang Karl IV. nicht. Seine Regierungstätigkeit im engeren Sinn blieb auf die Länder seiner Hausmacht beschränkt, die er von Böhmen aus nach Norden beträchtlich erweiterte. Freilich darf man den Luxemburger nicht als bloßen Realpolitiker sehen; so sehr er sich darauf verstand, als „Krämer" der hohen Politik das Machbare zu tun, gab er doch seiner Herrschaft einen fast mystischen Hintergrund. „Deo servire est regnare", Herrschen ist Gott dienen – diesem Motto entsprach die quasi religiöse Verehrung der Reichsreliquien, denen er mit Burg Karlstein bei Prag einen würdigen Rahmen gab. Dieser ‚Reichskult' entsprang sicherlich einer echten Überzeugung Karls IV., förderte aber auf der anderen Seite seine praktische Politik. Gerade wo die reale Macht geschwunden war, erlaubte eine aufwendige Selbstdarstellung und Repräsentation zumindest, Ansehen und Autorität des Reiches zu bewahren.

Schon seinem Sohn Wenzel, den die Historiker „den Faulen" nennen, gelang das nicht mehr. Karl hatte zwar erstmals seit fast hundert Jahren vermocht, schon lange vor seinem Tod 1378 durch Krönung Wenzels der Dynastie die Reichskrone zu erhalten; durch Aufteilung der Hausmacht auf sechs Familienmitglieder schwächte er aber von vornherein die Stellung des Königs. Kämpfe zwischen Städten und Fürsten, zwischen den Schweizer Eidgenossen und den Habsburgern, zwischen den Anhängern rivalisierender Päpste, schließlich zwischen den Mitgliedern der Dynastie prägten die Regierungsjahre des „Faulen", bis ihn die Fürsten im Jahr 1400 absetzten. Aber auch dem neuen König, dem Wittelsbacher Ruprecht von der Pfalz, ging es nicht besser; nie allgemein anerkannt, mußte er auch seinen Italienzug abbrechen, ohne die Kaiserkrone erlangt zu haben. Nach seinem Tod 1410 kamen wieder die Luxemburger zum Zug, von denen zunächst gleich drei die Krone beanspruchten, darunter der zählebige Wenzel. Schließlich setzte sich sein Bruder Sigismund durch, der inzwischen auch die ungarische Krone erworben hatte.

Kirchenreform und Reichsreform waren Schlagworte seiner Zeit. Die Konzile von Konstanz (1414-18) und Basel (1431-49) versuchten die jahrzehntelange Spaltung der Kirche zu beenden und sie wieder unter einem einzigen Papst zu vereinen, aber auch den Vorrang des Konzils vor dem Papst durchzusetzen. Ein radikalerer Kirchenreformer hingegen endete in Konstanz auf dem Scheiterhaufen: Jan Hus. Seine Anhänger in Böhmen erhoben sich daraufhin und fügten Sigismund eine Reihe schwerer

Niederlagen zu. Viel die Rede war auch von einer Reichsreform, die den inneren Frieden sichern und einen einheitlichen Aufbau des Reiches fördern sollte. Doch waren die Interessen zu unterschiedlich, der König zu machtlos, um irgendwelche konkreten Schritte zu ermöglichen. „In den folgenden Jahren kann man von einer einheitlichen Reichsgeschichte nicht mehr sprechen, das historische Geschehen löst sich auf in eine Reihe von Einzelabläufen", stellt Friedrich Baethgen fest.

Die beiden letzten Kaiserkrönungen in Rom wirken wie ein Abschied von der Tradition mittelalterlichen Kaisertums. Sigismund zog 1431 über die Alpen; als Partner der mailändischen Visconti, denen Florenz und Venedig gegenüberstanden, wurde er mehr zum Objekt als zum Subjekt der italienischen Parteikämpfe. Vom Juli 1432 bis Mai 1433 saß er in Siena fest, von wo er mit Papst Eugen IV., einem Venezianer, um die Zulassung zur Kaiserkrönung verhandelte. Die Zähigkeit des Königs und sein Verhandlungsgeschick machten sich bezahlt; am 31. Mai 1433 konnte er sich vom Papst in Rom krönen lassen – das erste Mal seit der Stauferzeit war es wieder der Papst selbst, der die Krönung vornahm. Doch beide universalen Gewalten hatten seit damals viel von ihrem Nimbus eingebüßt; die Zeremonie der Kaiserkrönung war nicht mehr der Angelpunkt abendländischer Herrschaft, sondern gab höchstens eine bessere Ausgangsposition für das alltägliche Spiel der Hausmachtpolitik.
So sah das auch der letzte Kaiser, der in Rom gekrönt wurde: der Habsburger Friedrich III. Dabei war es eine würdige dreifache Zeremonie, die Papst Nikolaus V. in den Märztagen 1452 in Rom vollzog: Zuerst krönte er Friedrich mit der Eisernen Krone der Langobarden zum König von Italien, dann vermählte er ihn mit Eleonore von Portugal, und am 19. März fand die Kaiserkrönung des jungen Paares statt. Doch bald holte den Kaiser die Realität ein: Schon Anfang September wurde er von den Ständen des habsburgischen Stammlandes Österreich in ‚seinem' Wiener Neustadt belagert und zu demütigenden Zugeständnissen gezwungen. Während seiner langen Regierung erlebte Friedrich III. noch mehrere ähnliche Tiefpunkte seiner Macht, auch wenn er alle Stürme letztlich überstand. Sein berühmtes Motto AEIOU konnte je nach Situation entsprechend ausgelegt werden: „Alles Erdreich ist Österreich untertan", oder auch: „Aller erst ist Österreich verloren". In jedem Fall ging es um Österreich; im Blickfeld waren Ungarn und Böhmen, später auch Burgund. Das Reich war so unwichtig geworden, daß Friedrich es nach seiner Königskrönung 27 Jahre lang (abgesehen natürlich von seinen eigenen Ländern) nicht mehr betrat. Durch den unaufhaltsamen Wandel der Verhältnisse wurde auf diese Weise die Kaiserkrönung von 1452 zu einem Einschnitt, als der sie den Zeitgenossen gar nicht erschien: Ein letztes Lebenszeichen mittelalterlicher Reichsgeschichte. Es ist eine seltsame Ironie des Schicksals, daß gerade damals das andere Kaiserreich des Mittelalters unterging. Am 29. Mai 1453 erstürmte der türkische Sultan Mehmed II. das „Neue Rom" Konstantinopel, wo seit der Antike in fast ununterbrochener Folge „römische" Kaiser residiert hatten.

92

Oben: *92* König Ottokars Glück und Ende – bei Dürnkrut und Jedenspeigen an der March schlug 1278 der „römische“ König, Rudolf von Habsburg, den böhmischen, Přemysl Ottokar.

Folgende Doppelseite: *93* Was Ottokar nicht gelungen war, glückte später seinen luxemburgischen Nachfolgern: Die böhmische mit der römischen Krone zu vereinen und Prag zu einem Zentrum des Reiches zu machen. (Blick von der Karlsbrücke zur Kleinseite)

95

96

Gegenüberliegende Seite: *94* Der Prager Veitsdom, gotischer Kaiserdom der Luxemburger: ein Gebet aus Licht und Stein, vollendet von Peter Parler.

Oben: *95, 96* Ein neuer Naturalismus: Die Porträtbüste Karls IV. und seiner dritten Gemahlin Anna von Schweidnitz im Triforium des Veitsdomes.

Unten: *97* Habsburgisches Prag: Grab Maximilians II. und seiner Eltern Ferdinand I. und Anna im Veitsdom.

Gegenüberliegende Seite: *98* Der Adler Karls IV. prangt auf der Tür der Wenzelskapelle im Veitsdom.

97

151

98

99

Oben: *99* Eine Burg für die Reichskleinodien: Karlstein, versteckt im Wald bei Prag gelegen, wurde 1348–1355 unter Karl IV. errichtet und beherbergte bis 1423 den Schatz des Reiches.

Gegenüberliegende Seite: *100* Ein Kleinod für den heiligen Schatz: Die Kreuzkapelle von Karlstein, kostbarer Reliquienbehälter für die „Heiltümer“ des Reiches. Vergoldete Decke, mit Marmorstücken mosaikartig ausgelegte Wand und reicher Bildschmuck von Tommaso da Modena und Theoderich von Prag schaffen einen würdigen Rahmen für den Kaiserkult Karls IV.

101

102

Oben: *101, 102* Das Bild des Kaisers: Zweimal Karl IV., gekrönt mit der Bügelkrone, auf den Fresken in Burg Karlstein.

Gegenüberliegende Seite: *103* Kaiserliche Frömmigkeit: In der Katharinenkapelle von Karlstein fastete und betete Karl IV. oft tagelang. Durch die Luke links unten konnte er sich Essen bringen lassen. Ähnliche Meditationen werden von vielen Kaisern berichtet, sogar von Otto III. und Friedrich II.

104

Oben und gegenüberliegende Seite: *104, 105* Der letzte Kaiser, der in Rom gekrönt wurde: Die Grabmäler Friedrichs III. im Wiener Stephansdom (rechts) und seiner Gemahlin Eleonore von Portugal im Neukloster in Wiener Neustadt (oben).

157

106

Oben: *106* Die Habsburger als europäische Dynastie: Maximilian I., „Erwählter römischer Kaiser“; links sein Sohn Philipp, König von Spanien; rechts seine beiden Frauen Bianca Sforza aus Mailand und Maria von Burgund. (Glasfenster in der Georgskapelle in der Burg von Wiener Neustadt)

Gegenüberliegende Seite: *107, 108* AEIOU – das vieldeutige Motto Friedrichs III. in Glas und in Stein: auf einem Fenster der Georgskapelle und in der Stadtpfarrkirche von Wiener Neustadt. „Alles Erdreich ist Österreich untertan“, ist eine beliebte Deutung – auch wenn Friedrichs Herrschaft zuweilen nicht weit über „sein“ Wiener Neustadt hinausreichte.

107

108

109

Oben und gegenüberliegende Seite: *109, 110* Das großartige Grabdenkmal für Maximilian I. in der Innsbrucker Hofkirche: Oben der Kaiser, rechts drei der lebensgroßen Bronzestatuen. Doch das Grab ist leer, Maximilian, der 1519 starb, ist in Wiener Neustadt bestattet.

111

111 Karl V. – der Habsburger, in dessen Reich die Sonne nicht unterging, war sicher einer der erfolgreichsten Kaiser; doch bahnte sich unter seiner rastlosen Regierung mit der Glaubensspaltung der endgültige Niedergang des „Heiligen Römischen Reiches“ an.
(Porträt Tizians im Prado, Madrid, 1547)

112

Oben: *112* Der Sieg des Kaisers über den Papst war nur eine Episode der Barbarei – im „Sacco di Roma“ plünderten 1527 kaiserliche Landsknechte Rom und nahmen den Papst gefangen. Die Kirche San Andrea in der Via Flaminia wurde zum Gedenken errichtet.

Folgende Seite: *113* Geschäft und Politik – von der Reichsstadt Augsburg aus machte die Kaufmannsfamilie der Fugger ein Vermögen, das zum Teil in die hohe Politik investiert wurde: etwa in die Wahl Karls V. zum König.

113

VII. HERRLICHKEIT UND OHNMACHT: WIE FUNKTIONIERT EIN KAISERREICH?

Staat zu machen', war im Mittelalter ungleich schwieriger als heute. Die Entfernungen allein stellten jede zentrale Herrschaft vor große Probleme. Man braucht sich nur die Dauer der Romzüge deutscher Könige vergegenwärtigen, um sich die Schwierigkeit vorzustellen, die Königsgewalt überall in dem ausgedehnten Reich durchzusetzen. Schon die Nachrichten brauchten eine ganze Weile, um an den Hof zu gelangen. Noch länger benötigte der Herrscher, um ein größeres Heer zusammenzuziehen und damit in aufständische oder bedrohte Gebiete zu marschieren. Zudem konnte durch die vielen befestigten Burgen und teils auch Städte jeder Heerzug zum Hindernislauf werden. Das erklärt die häufigen Aufstände und die Selbstherrlichkeit großer Grundherren in königsfernen Räumen. Ein Heer mußte ernährt werden, was im eigenen Land zumeist großer Vorbereitungen bedurfte; die Pferde brauchten Grünfutter, denn anderes war oft nicht aufzutreiben, was wiederum die Zeit, die für Kriegszüge zur Verfügung stand, verkürzte. Transportprobleme beschränkten auch die Einhebung von Steuern. Naturalabgaben konnten kaum über weite Strecken befördert werden; die wenig entwickelte Geldwirtschaft erlaubte es auch nicht, dieses Problem durch Einhebung in Geld völlig zu lösen.

Die Kaiser und Könige konnten es sich aus all diesen Gründen nicht in einer Residenz bequem machen, sie mußten im Land umherreisen. Wo immer sie gerade weilten, mußte für ihren Lebensunterhalt gesorgt werden; neben dem Königsgut hatten vor allem Reichsbistümer und -abteien diese Last zu tragen (und konnten sie meist, durch die großen Güter, die ihnen geschenkt wurden, auch tragen). Das konnte angesichts des beträchtlichen Gefolges große Mengen an Nahrungsmitteln erfordern. „Eine Quelle des 12. Jahrhunderts meldet – wenn auch rückblickend für das 10. Jahrhundert – einen Tagesverbrauch des königlichen Hofes von 1000 Schweinen und Schafen, 10 Fudern (1 Fuder = ca. 600-900 l) Wein und ebensovielen Fudern Bier, von 1000 Maltern (1 Malter = ca. 130 bis 150 l) Getreide, 8 Rindern ‚und anderem mehr', was freilich übertrieben sein dürfte . . . Berechnungen über den Umfang des königlichen Gefolges reichen von mindestens 300 bis gegen 4000 Begleitpersonen, und so kann man den Rat jenes sterbenden Adeligen verstehen, der seinen Sohn vor zwei Dingen warnte: Krieg zu führen und den König als Gast aufzunehmen", schreibt Horst Fuhrmann. So etwas wollte organisiert sein: Ein Schreiben der Kaiserin Adelheid gegen Ende des 10. Jahrhunderts, in dem sie Anweisungen für die Aufnahme des Hofstaates in Würzburg gibt, hat sich auszugsweise in der Tegernseer Briefsammlung erhalten.

Das deutsche ‚Reisekönigtum' hatte auch den Zweck, die Bindungen der Untertanen an den Herrscher zu verstärken. „Aus dem Augen, aus dem Sinn, an diesen Spruch erinnert Wipo, wenn er seinen Herrscher ermahnt, sich in einer Landschaft zu zeigen. Herrschaft hatte noch ihre familiäre Seite und bedurfte des Augenkontakts, sie wurde mehr gefühlt als vom Verstand als Faktum registriert", stellt Heinrich Fichtenau über die Verhältnisse des 10. Jahrhunderts fest. An seinem jeweiligen Aufenthaltsort konnte der Herrscher auch Bitten erfüllen, Privilegien und Geschenke vergeben, Urkunden bestätigen und Gericht halten, womit er seine Herrschaft wirksam machte. Freilich zeigen Untersuchungen über das ‚Itinerar', den Reiseweg der deutschen Könige, daß sie nicht alle Reichsgebiete gleichermaßen besuchten. Immer wieder hielten sie sich in den großen Pfalzen und Königsgütern auf; in den Norden kamen sie seit dem Ende der sächsischen Ottonen kaum. Der Großteil der Bevölkerung bekam sie ohnehin nie zu Gesicht – jene neun Zehntel der Bevölkerung, die verstreut in Dörfern und Weilern abseits der großen Straßen lebten und von ihren Grundherren abhingen, waren ja auch nicht berechtigt, am politischen Leben teilzuhaben.

Denn Träger des mittelalterlichen Staates war eine sehr kleine Minderheit von waffentragenden Freien und höheren Geistlichen, deren Stellung es ihnen erlaubte, von der Arbeit anderer zu leben. Erst im Spätmittelalter begannen reiche Bürger und die von ihnen dominierten Stadtgemeinden politischen Einfluß zu erhalten. Freie Bauerngemeinden mit gewissen Selbstverwaltungsrechten waren eine Ausnahme in manchen Berggegenden oder Kolonisationsgebieten im Osten. Schon die Germanenheere der Völkerwanderungszeit hatten, idyllischen Vorstellungen vom ‚Volk in Waffen' zum Trotz, zu bedeutenden Teilen aus spezialisierten Kriegern bestanden; wenn sie um neues Land kämpften, ging es nicht bloß um fruchtbare Äcker, sondern auch um diejenigen, die es für sie bebauen sollten. Das blieb noch lange so: Grund und Boden war für sich allein so gut wie wertlos, er stand bis weit ins Hochmittelalter (und dann wieder nach der großen Pest) in Hülle und Fülle zur Verfügung. Ein Großteil Deutschlands war von Wald und Wildnis bedeckt, die erst seit dem 11. Jahrhundert langsam gerodet wurden. Wichtiger und wertvoller waren diejenigen, die das Land bebauten. In den vielen Landschenkungen des Königs an seine Getreuen, von König und Adel an Kirchen und Klöster, von denen uns Urkunden berichten, werden die Bauern gleich mitgeschenkt. Ihre Arbeit war eine selbstverständliche Voraussetzung für das menschenwürdige Leben der anderen. Wieviele Bauern dazu vonnöten waren, läßt sich aus der geringen Produktivität der mittelalterlichen Landwirtschaft ableiten: Wenn eine Ernte des Frühmittelalters die dreifache Menge des Saatgutes einbrachte, konnte der Bauer sehr zufrieden sein; später verbesserte sich das Verhältnis, doch die periodischen Mißernten führten immer wieder zu katastrophalen Hungersnöten.

Man könnte die mittelalterliche Gesellschaftsordnung, mit heutigen Augen, als gewaltsame Ausbeutung betrachten: eine bewaffnete Minderheit herrscht über die große Masse derer, die hart arbeiten müssen. Den Zeitgenossen erschien diese Ordnung als natürlich und gottgegeben. Selbst wenn sich die Bauern erhoben, wie um 1525, wandten sie sich zumeist nur gegen die Verschlechterung ihrer Lage und forderten die Rückkehr zum ‚guten, alten Recht' eines geregelten Untertanenverhältnisses. Das lag auch daran, daß Herrschaft damals auf Gegenseitigkeit beruhte; für seine Abgaben erhielt der Bauer den Schutz seines Herrn.

Daß diese Aufgabenteilung zwischen „Nährstand" und „Wehrstand" sich einbürgern konnte, lag vor allem an einer simplen ökonomischen Tatsache: Waffen und Kriegsausrüstung kosteten, damals wie heute, ein Vermögen. Eisen war selten und kostbar, die Kunst der Schmiede aufwendig und gesucht, und für das Bestehen im Kampf

benötigte man Schwert, Schild, Lanze, Panzer und Helm, vielleicht noch Kurzschwert, Beinschienen, Pfeil und Bogen sowie ein gutes Pferd, das ebenfalls geschützt sein sollte; besser noch drei Pferde, eines zum Reiten, ein Packpferd und ein frisches Pferd für den Kampf. Einer der Gründe für den Aufstieg des karolingischen Frankenreiches im 8. Jahrhundert war die verbesserte Ausrüstung der Krieger, der verstärkte Einsatz gepanzerter Reiter; die Folge dieser ‚Aufrüstung' war, daß nur mehr begüterte Herren sich einen Kriegszug überhaupt leisten konnten. Im Hochmittelalter war aus dem gepanzerten Reiter der nun so genannte Ritter geworden, der sich mit oft sehr aufwendigen Rüstungen schützte. Ende des 11. Jahrhunderts kostete ein Pferd fünf bis zehn, ein Kettenhemd zwanzig bis hundert Ochsen; man kann sich ungefähr vorstellen, die Arbeit wievieler Menschen nötig war, einen einzigen Ritter auszurüsten. Verlorene Schlachten waren daher auch ökonomisch eine Katastrophe; einige Hundert gefallene oder ausgeplünderte Ritter waren schon ein bedeutender Faktor im mittelalterlichen Bruttosozialprodukt.
Um seine Herrschaft mit dem „Glanz der Waffen" zu schmücken, mußte ein König auch imstande sein, seinen Kriegern und Gefolgsleuten die Mittel für ihre Ausrüstung in die Hand zu geben. Die frühen Karolinger fanden dazu einen Weg: Sie nahmen sozusagen Zwangsanleihen beim Kirchengut und konnten so ihre Leute mit Landbesitz ausstatten, den sie zu Lehen bekamen. Aus der Verbindung dieser Lehen mit dem Treueeid, den die Gefolgsleute leisteten, entstand im Lauf der Zeit das Lehenswesen. Solange genug da war, das der König hergeben konnte, und er über die Lehen eine gewisse Verfügungsgewalt behielt, sicherte es ihm tatsächlich die Kontrolle über seine Krieger und Amtsträger, ohne daß er sich ständig um ihre Versorgung kümmern mußte. Durch die Eroberungen Karls des Großen hatte auch er genügend Güter zur Verfügung, um sich die Leute zu verpflichten, die er brauchte. Doch es kam, wie es kommen mußte: im Lauf des 9. Jahrhunderts setzte sich ein immer stärkeres Anrecht der Adeligen auf ihre Güter durch, die Lehen begannen erblich zu werden, die Einflußmöglichkeiten des Königs nahmen ab. Die großen Feudalherren gaben selbst auch wieder Güter gegen Treueversprechen aus und verfügten somit selbst über Lehensleute; im Hochmittelalter hatte sich das Lehenswesen dann als komplizierter Stufenbau herausgebildet. Zugleich schmolz auch das Königsgut zusammen, aus dem immer weitere Geschenke und Lehen bestritten werden mußten.
Das Auf und Ab im Tauziehen zwischen dem König und seinen Fürsten und großen Feudalherren ging durch das ganze Mittelalter und prägte die Reichsgeschichte entscheidend. Immer wieder versuchten die Könige, sich in der Auseinandersetzung mit den Mächtigen verläßliche Helfer und Verbündete zu suchen, die das Reichsgut nicht gleich wieder als Familienbesitz betrachten würden, und ihre Ämter nicht vor allem dazu nützen würden, diesen zu vermehren. Im 10. Jahrhundert sollte das ottonische Reichskirchensystem dazu dienen; seit dem 11. Jahrhundert wurden „Ministerialen" unfreier Herkunft mit Lehen bedacht. Doch all das erreichte nur vorübergehend seinen Zweck. Erst seit dem Spätmittelalter ergaben sich für zentrale Gewalten neue Möglichkeiten durch den Einsatz von bezahlten Söldnern und durch die Zusammenarbeit mit dem finanzkräftigen Bürgertum. Doch zu diesem Zeitpunkt war das Heilige Römische Reich kaum mehr imstande, diese Chance zu ergreifen, während die Landesfürsten – und die westeuropäischen Könige – mit diesen Mitteln absolutistische Staaten aufbauten, die über einen geregelten Staatsapparat verfügten.

Einen solchen Staatsapparat hatten die Herrscher des Früh- und Hochmittelalters nicht. „Es war eher ein ‚System von Aushilfen' zur Wahrung des Friedens als eine geordnete Planung für das allgemeine Wohl. Das persönliche Moment steht im Vordergrund: Man bringt seine Sache vor den König, der sie entscheidet, mit Ratgebern oder ohne sie; man bittet als ‚Getreuer' um Vergünstigungen und erhält sie persönlich durch eine Königsurkunde zugesprochen, auch dann, wenn die Schenkung eine Institution betrifft", faßt Heinrich Fichtenau zusammen. Die Gerichtsgewalt eines Königs ist eine der Möglichkeiten, seine Herrschaft spürbar zu machen; aber auch sie kann er nur in Ausnahmefällen persönlich ausüben. Die Karolinger ließen persönliche Beauftragte, Sendboten, in ihrem Namen Recht sprechen; bald wurde auch die Rechtspflege Vorrecht von Fürsten und Herren. Die Betroffenen konnten allerdings an den König appellieren; seit der Stauferzeit verzichteten die Könige einflußreichen Landesfürsten gegenüber häufig auf dieses Recht, sodaß die königliche Rechtsprechung nur mehr eingeschränkte Reichweite besaß.

Ein zweites wesentliches Regierungsgeschäft der Könige war die Erteilung und Bestätigung von Privilegien. Für die schriftliche Ausfertigung nach detaillierten Regeln war die Reichskanzlei zuständig; lange Zeit war das keine Behörde in unserem Sinn. Den Titel eines Reichskanzlers trugen Erzbischöfe, was bald als bloße Würde verstanden wurde; geistliche Schreiber im Gefolge des Königs oder auch solche, die der Empfänger mitgebracht hatte, verfaßten die Urkunden, der Kanzler oder ein Stellvertreter unterschrieben sie, der König bestätigte durch einen an der richtigen Stelle angebrachten ‚Vollziehungsstrich' die Gültigkeit, dann wurde noch ein Siegel (oder mehrere) angebracht. Zwar enthielten die meisten Urkunden die Formel, sie sollten in alle Ewigkeit gelten, doch war es ratsam, bei einem neuen Herrscher um Bestätigung einzukommen. Denn auch Kaiserurkunden gaben keine völlige Sicherheit; niemand kontrollierte, ob sie einander nicht widersprachen. Der reisende Hof des Kaisers verfügte die längste Zeit auch über keine Abschrift. Fälschungen, oft in bester Absicht, waren häufig; manchmal waren es richtige Meisterwerke, unter Verwendung von Originalen hergestellt, die noch modernen Spezialisten einiges aufzulösen geben. Anderes erscheint uns plump, wie etwa das berühmte ‚Privilegium maius', mit dem die Habsburger sich im 14. Jahrhundert den Titel Erzherzog und anderes sichern wollten: Die Fälscher scheuten sich nicht, sogar angebliche Privilegien von Julius Caesar und Nero für Österreich zu erfinden, was schon der berühmte Humanist und Zeitgenosse Petrarca durchschaute. Trotz oder wegen all dieser Unsicherheiten explodierte im Spätmittelalter der Bedarf an Urkunden und Privilegien, und seit dem 14. Jahrhundert ist die Menge der erhaltenen Königs- und Kaiserurkunden fast unüberschaubar. Auch wenn die Könige dieser Zeit nur mehr eine begrenzte Machtposition besaßen, in der Theorie gingen alle Rechtsverhältnisse des Reiches auf sie zurück. Eine vom Kaiser oder König ausgestellte Urkunde war daher in jedem Rechtsstreit ein gewichtiges Argument. Die Reichsgewalt verstand es allerdings nicht, dieses Bedürfnis nach Rechtssicherung zu einem derart wohlorganisierten und einträglichen Geschäft zu machen wie die Päpste.

Der König war also für die Konfliktregelung zwischen den Großen seines Reiches (die Masse der Bevölkerung war von seiner Justiz kaum betroffen) eine sehr wesentliche Instanz. Es hing jedoch von seiner Macht ab, wie weit er dieser Aufgabe gerecht werden konnte. Während des ganzen Mittelalters gelang es ihm kaum je, auf längere Zeit den Frieden im Reich wirksam zu sichern. Fehden zwischen mächtigen Adelsgruppen, von der Blutrache angestachelt, waren an der Tagesordnung; später kam es auch zu regelrechten Kriegen zwischen Ritter-, Fürsten- und Städtebünden, abgesehen von den Kämpfen, an denen Könige (und Gegenkönige) selbst beteiligt waren. Seit dem 10. Jahrhundert versuchte eine von Geistlichen getragene, oft auch sehr populäre Friedensbewegung, gegen diese ständige Friedlosigkeit der Gesellschaft aufzutreten. Es gelang aber nur sehr langsam, das Fehdewesen wenigstens zurückzudrängen und Friedensräume auszuweiten. Feiertage und Fastenzeit sollten friedlich bleiben, und der König konnte zu bestimmten Zeiten einen begrenzten Landfrieden ausrufen. Doch das Verständnis dafür mußte sich erst langsam entwickeln; lange verwendete man für Rache und Strafe, für Mord und fahrlässige Tötung jeweils denselben lateinischen Ausdruck. Auch die Möglichkeiten der Gerichte, einen Sachverhalt festzustellen, waren sehr begrenzt. Zweikämpfe und Gottesurteile, Reinigungseide und die Folter blieben bis in die Neuzeit aktuell, um einen Prozeß zu entscheiden. „Erträglicher ist der Kampf mit Waffen als ein Rechtsstreit" – formulierte bereits vor der Jahrtausendwende kein geringerer als Gerbert von Aurillac, der spätere Papst Silvester II. Von einem Gewaltmonopol des Staates, wie es bei uns Ruhe und Ordnung erzwingt, konnte überhaupt keine Rede sein.

Auf offene Gewalt oder ihre Androhung mußte deshalb auch die Herrschaft der Könige und Kaiser sich stützen. In einer Kriegergesellschaft wie der des mittelalterlichen Adels beruhte das Prestige eines Herrschers nicht zuletzt auf dem ‚Glanz der Waffen', dem militärischen Erfolg. Lange hielt sich im Bild vom heiligen Reich und seinem geheiligten Herrscher die an sich vorchristliche Vorstellung vom Heil des Königs, das in seinen Siegen zum Ausdruck kommt. Die Heerkönige der Völkerwanderungszeit, ein Theoderich, Chlodwig oder Alboin, verdankten ihr die Machtstellung, die sie errangen. In einer verchristlichten Welt wurde sie besonders auf Erfolge über Heiden übertragen – solange es solche in der Reichweite des Reiches noch gab. Der Lechfeld-Sieg Ottos des Großen über die heidnischen Ungarn im Jahr 955 war daher einer der glänzendsten Erfolge der Reichsgeschichte; sein Sohn versuchte dasselbe gegen die Sarazenen in Süditalien, doch wurde dieser Heidenkrieg zum Fiasko. Gegen die Heiden waren auch viele Grausamkeiten erlaubt, die zwischen Christen eher Anstoß erregten (auch wenn sie vorkamen), etwa die Tötung von Gefangenen.
Einen solchen Sieg Ottos I. über heidnische Slawen, gleich nach der Lechfeld-Schlacht, schildert Widukind in einiger Breite; Grausamkeit im Heidenkrieg, so geht daraus hervor, sind für das Königsheil keineswegs hinderlich. „An demselben Tage wurde das Lager der Feinde genommen und viele Menschen getötet oder zu Gefangenen gemacht, und das Morden währte bis in die tiefe Nacht. Am nächsten Morgen wurde das Haupt des Slawenfürsten auf dem Felde ausgestellt und ringsumher 700 Gefangene enthauptet; Stoinefs (des Slawenfürsten) Ratgeber wurden die Augen ausgestochen und die Zunge ausgerissen, so ließ man ihn mitten unter den Leichnamen hilflos liegen . . . Durch so viele Siege berühmt und verherrlicht erweckte der Kaiser die Furcht ebenso wie die Gunst vieler Könige und Völker; daher erhielt er zahlreiche Gesandtschaften, nämlich von den Römern und Griechen und Sarazenen, und durch dieselben Geschenke verschiedener Art, goldene und silberne Gefäße, auch eherne und kunstreich gearbeitete von wunderbarer Mannigfaltigkeit, Gefäße von Glas, auch von Elfenbein verziert auf alle mögliche Weise, Teppiche, Balsam und Spezereien aller Art, Tiere, welche die Sachsen vorher nie gesehen hatten, Löwen und Kamele, Affen und Strauße, und die ganze Christenheit ringsumher schaute und hoffte auf ihn . . . Als die Niederlage der Barbaren vollbracht war, erschienen in diesem Jahre wunderbare Dinge, nämlich das Zeichen des Kreuzes an den Kleidern vieler Leute. Durch diesen Anblick wurden die meisten von heilsamer Furcht ergriffen, besorgten Unglück und taten großenteils Buße für ihre Sünden. Die Weiseren aber verkündeten, daß das Zeichen des Kreuzes Heil und Sieg bedeutet habe, und dem stimmen auch wir

getreulich bei." Sieg und Grausamkeit, Ansehen in der Welt und kostbare Geschenke, religiöse Hoffnung und Wunderzeichen, das Kreuz und die Waffen werden in dieser Darstellung als verschiedene Seiten derselben Sache miteinander verknüpft: Darin drückt sich das Königsheil des erfolgreichen Herrschers aus. Zwischen weltlichen und geistlichen, zwischen materiellen und symbolischen Aspekten wird dabei kaum unterschieden. Die Grausamkeit nach dem Sieg wird nur als Beleg für die Vollständigkeit des Sieges gewertet.

In Auseinandersetzungen zwischen christlichen Machthabern war man meist zurückhaltender. Gefangene zu machen, war auch ein recht einträgliches Geschäft, denn je nach Rang konnte man einiges an Lösegeld für sie fordern. Eine Rekordsumme brachte die Gefangennahme des englischen Königs Richard Löwenherz durch Männer des Babenbergerherzogs Leopold V. Ende 1192 in der Nähe von Wien; der mit den Welfen verbündete König hatte versucht, sich inkognito im Winter durch das Land seiner Gegner nach Hause durchzuschlagen, was ihn die ‚Kleinigkeit' von 150.000 Mark Silbergeldes kostete, die sich Kaiser Heinrich VI. mit dem Herzog teilte. Gerade in dieser Zeit legte man im übrigen Wert auf die sprichwörtlich gewordene ‚Ritterlichkeit', eine schöne Regel mit vielen Ausnahmen, je nach der Erbitterung, mit der der Kampf geführt wurde. Auch die Staufer waren keineswegs zimperlich. Friedrich Barbarossa ließ mit großen Mühen und deutscher Gründlichkeit das aufständische Mailand zerstören, auch die Kirchen verschonte er nicht. Heinrich VI. hielt grausames Gericht über seine normannischen Gegner in Sizilien: „Als er 1197 der sizilischen Empörer habhaft geworden war, wurden sie mit gräßlichen Todesarten bestraft. Ihrem Anführer, der zum Gegenkönig aufzusteigen gesonnen gewesen sein soll, ließ er – wenn die Marbacher Annalen die Wahrheit vermelden – eine Krone mit eisernen Nägeln auf dem Kopf festschlagen; damit hatte der falsche König im Tode erreicht, was er im Leben erstrebt hatte", schildert Percy Ernst Schramm diese sadistische Symbolik. Sehr zahlreich sind die Berichte von der Grausamkeit Friedrichs II. gegen seine Gegner. Schrecklich bestrafte er die Bewohner des päpstlichen Viterbo: „Den einen wurde ein Kreuz auf die Stirn gebrannt, anderen die Hände oder die Ohren oder die Nase abgeschnitten, andere lebendig verbrannt oder sogar gekreuzigt." Berüchtigt waren die Sarazenen in Friedrichs Dienst, die er in Lucera angesiedelt hatte und die ohne religiöse Rücksichten seine Befehle befolgen konnten. Schon frühere Könige hatten übrigens gelegentlich heidnische Hilfstruppen gegen Christen, oft auch die eigenen Untertanen, eingesetzt: Etwa verwüsteten im Kampf Heinrichs II. gegen den Bischof von Metz, seinen eigenen Schwager, slawische Liutitzen die Stadt und ihre Umgebung. Allerdings ersetzte der König daraufhin den Schaden aus eigenem Gut und verbot derartiges für die Zukunft.

Zum Alltag jedes Krieges gehörte die Verwüstung gegnerischer Ländereien, der Raub von Menschen und Vieh, das Niederbrennen der Siedlungen und der Ernte; besonders dann, wenn der eigentliche Gegner sicher in einer Festung saß. Belagerungen konnten sich monate-, ja jahrelang hinziehen; viele Kriege wuchsen sich demgemäß zu einem endlosen Stellungsspiel aus, in dem diplomatischen Manövern oft größere Bedeutung zukam als den eigentlichen Kampfhandlungen. Besonders zwischen verschiedenen Thronbewerbern fiel oft viele Jahre lang keine Entscheidung. Jeder behauptete sich mehr oder weniger gut in seinem Gebiet, und es kam darauf an, wieviele Fürsten und Herren einer durch Versprechungen oder Intrigen auf seine Seite bringen konnte. Nicht jeder hatte das Glück Karls IV., daß der eine Gegenkandidat im richtigen Moment einem Jagdunfall erlag und der zweite sich seine Ansprüche in bar abkaufen ließ. Da solche Auseinandersetzungen nicht zuletzt eine propagandistische Seite hatten, kam es auch selten zu Exzessen an Gewalt; man mußte ja darauf achten, auch die Gegner von heute schließlich zu Freunden zu machen. Besonders ‚ritterlich' ging es zwischen Ludwig dem Bayern und dem Habsburger Friedrich dem Schönen nach der Niederlage des letzteren im Jahr 1322 zu. Friedrich wurde in einer Festung seines Gegners gefangengehalten, wo man verhandelte; nach der Einigung ging Friedrich frei, um auch seinen Bruder Leopold in Wien von der gefundenen Lösung zu überzeugen; der lehnte ab, worauf Friedrich freiwillig in die Haft zurückkehrte. Schließlich gestand der Bayer auch ihm seinen Königstitel zu.

Nicht alle Kriege des Mittelalters stürzten das Land also in ein Chaos; unterhalb der Ebene der Mächtigen und außerhalb gerade umkämpfter Landstriche ging das Leben seinen geordneten Gang, mit oder ohne König. Für die Betroffenen freilich konnten sie verhängnisvoll wirken. Und sensible Beobachter aller Zeiten beklagten die unruhigen Verhältnisse, die sie aus einer gefährlichen Störung der Weltordnung ableiteten; so wie im Jahr 1146 Otto von Freising, der gelehrte Bischof und Onkel Friedrich Barbarossas: „Seither bekommen wir nicht nur vorderhand Wirren zu spüren, sondern sehen auch mit Grausen voraus, daß aus diesen und anderen Gründen noch größere über uns kommen werden. Denn zwischen unserem Reich und dem der Ungarn steht ein heftiger Ausbruch bevor; schon rüstet jenes ein Heer, und dieses besticht viele der unseren mit Geld. Aus Polen hört man von einem beklagenswerten Zwist zwischen drei Brüdern, den Landesfürsten, in Lothringen von unaufhörlichem Kampf zwischen mächtigen Männern. Bei uns (in Bayern) aber tritt eine so abscheuliche Verwirrung zutage, daß man nicht nur während des übrigen Jahres alles durch Raub und Brand in Unordnung bringt, sondern sich nicht einmal scheut, in den Fast- und Bußtagen zu wüten, entgegen göttlichen und menschlichen Gesetzen. Überhaupt bedrückt uns die Erinnerung an vergangene, der Andrang gegenwärtiger und die Furcht vor zukünftigen Wechselfällen so sehr, daß wir das Todesurteil, das in uns ist, annehmen und des Lebens selbst überdrüssig werden möchten. Vor allem müßten wir ja wegen der Menge unserer Sünden und der bodenlosen Unverschämtheit der höchst verworrenen Zeit glauben, daß die Welt nicht lange Bestand haben kann, wenn sie nicht gestützt würde durch die Verdienste der Heiligen . . ."

So schrieb immerhin ein enger Verwandter des regierenden Königs, und die schrecklichen Ereignisse, die er vermerkt, sind keineswegs außergewöhnlich, sodaß man sie in den meisten Geschichtswerken vergeblich suchen würde. Doch gerade deshalb ist sein Urteil von Bedeutung für das Bild von einem prekären Leben, das für viele kurz genug war und zudem von Wechselfällen aller Art ständig bedroht. Einer der ‚Bestseller' des Spätmittelalters war die Schrift von Papst Innozenz III. (†1216), dem Förderer und Vormund des jungen Friedrich II., „Über das Elend des menschlichen Daseins", und das Mittelalter brachte noch zahlreiche ähnliche Klagen hervor. Wenn auch oft überhöht durch eine gewisse christliche Weltverachtung, geben sie doch wesentliche Aspekte mittelalterlichen Lebensgefühls wieder. Von überhandnehmender Unordnung in den menschlichen Beziehungen fühlte man sich durchaus körperlich, aber auch geistig bedroht; orientiert an einer zutiefst moralisch fundierten, heilsgeschichtlichen Ordnung, vermochte man sich mit der tatsächlichen Unordnung des Seins nur schwer abzufinden. Gerade aus dieser Haltung ist aber die große Anziehungskraft des Kaisertums zu erklären, die ungeheuren Hoffnungen, die es immer wieder mobilisieren konnte. Nach dem Tod Friedrichs II. traten noch jahrzehntelang Männer auf, die behaupteten, der wiedergekommene Kaiser zu sein, und fanden oft großen Anhang. Der Volksglaube ließ den letzten Stauferkaiser im Kyffhäuser oder anderen Bergen ruhen und auf den Tag seiner Wiederkehr warten (später setzte sich in dieser

Vorstellung Friedrich Barbarossa durch). Das Kaisertum versprach zwar kein Himmelreich auf Erden, aber zumindest eine an der himmlischen orientierte Ordnung. So wenig es in historischer Rückschau diesem Ziel nahegekommen ist und nahekommen konnte, der Traum vom Heiligen Römischen Reich war nicht bloß eine imperiale Großmachtphantasie, sondern meinte auch die Utopie einer geordneten und befriedeten Welt, in der die Macht den Menschen zum Heil gereichen sollte. Nur dadurch konnte es nach dem Verlust der meisten Herrschaftsbefugnisse noch so lange bestehen bleiben.

114

114 Das Reich als Karrieremöglichkeit: Die Herren, später Fürsten von Thurn und Taxis, machten als kaiserliche Erbpostmeister und Prinzipalkommissäre beim „Immerwährenden Reichstag“ in Regensburg ein Vermögen. Wie schon im 16. Jahrhundert, zählen sie noch heute zu den reichsten Familien Deutschlands. (Zaun des Palais Thurn und Taxis in Regensburg)

116

Vorhergehende Doppelseite: *115* Regensburg war seit 1663 Sitz des „Immerwährenden Reichstages“, in dem die Souveränität der Stände zum Ausdruck kam.

Oben und gegenüberliegende Seite: *116, 117* Der Reichssaal in Regensburg, Tagungsort des „Immerwährenden Reichstages“, eines ständigen Gesandtenkongresses. Der Vertreter des Kaisers, der Prinzipalkommissarius, führte unter dem Baldachin mit dem Reichsadler (oben) den Vorsitz; zwei Stufen tiefer, auf den roten Bänken, saßen die Vertreter der Kurfürsten, noch eine Stufe tiefer auf der grünen Bank die der übrigen Fürsten, auf der untersten Ebene die dritte Kurie, die der Reichsstädte.

118

Oben und gegenüberliegende Seite: *118, 119* Das Rathaus zu Münster: Hier wurde 1648 der Westfälische Friede ausgehandelt. Er besiegelte das Ende des Dreißigjährigen Krieges und die praktische Auflösung des Heiligen Römischen Reiches in einen Staatenbund ohne kaiserliche Zentralgewalt.

120

Oben: *120* Jahrelange komplizierte Verhandlungen zwischen Kaiser, Reichsfürsten und äußeren Mächten gingen dem Friedenschluß voraus, durch den der Dreißigjährige Krieg entwirrt wurde. Im Rathaussaal von Osnabrück fanden die Verhandlungen mit den Schweden statt.

Gegenüberliegende Seite: *121* Vom Erker des Rathauses von Osnabrück wurde am 24. Oktober 1648, unter dem Jubel der Überlebenden, der Westfälische Friede verkündet. Die Bevölkerung Deutschlands war durch den Krieg etwa auf die Hälfte zurückgegangen.

123

Oben und gegenüberliegende Seite: *122, 123* Die Königsmacher: Die Mainzer Erzbischöfe, dargestellt in einer Galerie im Dom zu Mainz, führten seit dem 11. Jahrhundert den Vorsitz bei der Königswahl; die Goldene Bulle bestätigte ihnen die Kurfürstenwürde. Manche von ihnen hatten dabei entscheidendes Gewicht: Siegfried III. von Eppenstein (gegenüber, gestorben 1248) verschaffte als Gegner Friedrichs II. den fast wie Hampelmännern dargestellten Gegenkönigen Heinrich Raspe und Wilhelm Holland die Krone. Peter Aspelt (oben, gestorben 1320), einst Leibarzt Rudolfs von Habsburg, trat sogar dreimal als Königsmacher auf.

124

125

126

127

128

129

Oben und gegenüberliegende Seite: *124, 125, 126, 127, 128, 129* Politiker mit Mitra und Stab: Die Mainzer Erzbischöfe im Wandel der Jahrhunderte. Gegenüber Adolf von Nassau († 1390), Johann von Nassau († 1419), ausschlaggebend bei der Absetzung König Wenzels, Konrad von Daun († 1434) und Berthold von Henneberg († 1504), Führer der ständischen Reformpartei unter Maximilian I. Oben Albrecht von Hohenzollern, dessen Ablaßhandel von 1517 Anlaß für Luthers Thesen gegen den Ablaß war, und Anselm von Ingelheim († 1695) als Barockfürst.

130

131

Gegenüberliegende Seite: *130* Der Kaiser und die sieben Kurfürsten als Glockenspiel an der Nürnberger Frauenkirche.

Oben *131* Förmlichkeit und Festlichkeit – das Reich blieb ein Anlaß zu aufwendiger Repräsentation, wie hier bei der Huldigung für den neuen Kaiser Leopold I. im Rathaussaal in Nürnberg im Jahr 1658. (Gemälde im Städt. Museum)

132

Oben: *132* Krönungsstadt Frankfurt am Main – 1562 wurde die Kaiserkrönung von Aachen hierher in den „Römer“, das Frankfurter Rathaus, verlegt, von dessen Balkon sich der neue Römische Kaiser der Menge zeigte.

Gegenüberliegende Seite: *133* Krönungsmahl Josefs II. im Kaisersaal des Römers im Jahr 1764. Auch der aufgeklärte Sohn Maria Theresias ließ sich nach altem Brauch von den Kurfürsten die Ehrendienste leisten.

134

Oben: *134* Franz der Letzte – in der Pose des Römischen Caesars im Hof der Wiener Burg. Dahinter die verblassenden Symbole des verflossenen Reichs: Die Reichskrone und der Doppeladler, darunter die Kette des Ordens vom Goldenen Vlies.

Gegenüberliegende Seite: *135* Die Kapuzinergruft in Wien, Grablege der Habsburger – Maria Theresia und ihr Gemahl Franz Stephan von Lothringen, im Tod verbunden durch das gemeinsame Zepter.

136

136 Der Tod und das Reich – Totenschädel mit der Reichskrone auf dem Sarkophag Karls VI. in der Wiener Kapuzinergruft.

VIII. DAS ALTERNDE IMPERIUM: VON MAXIMILIAN I. BIS FRANZ ‚DEM LETZTEN'

Der Traum vom Römischen Reich hatte im Mittelalter einige Sternstunden erlebt, hatte lange Perioden mehr oder weniger eingeschränkter Verwirklichung begleitet und war nicht nur einmal völlig gescheitert. Rückblickend könnte man meinen, einer kurzen Periode machtvoller Entfaltung sei eine über siebenhundertjährige Zeit des Niederganges gefolgt. Doch verlief die Geschichte dieses Reiches nicht linear. Immer neuen Generationen stellte es sich als Herausforderung; sein Gehalt an Ideen und Symbolen wurde in immer neuen Ausprägungen in die Politik deutscher Herrscher eingebracht. Die tausendundsechs Jahre, die zwischen der Kaiserkrönung Karls des Großen und der offiziellen Auflösung des Reiches vergingen, sahen einen völligen Wandel der Welt. Schon das karolingische Europa und das Abendland des späten Mittelalters unterschieden sich grundlegend voneinander; und im napoleonischen Zeitalter, an der Schwelle zur modernen Welt, hätte ein Besucher aus der Zeit Karls des Großen sich wohl gar nicht mehr zurechtgefunden. Demgegenüber blieb die Vorstellung vom Heiligen Römischen Reich relativ konstant. Die Geschichte politischer Ideen mag zwar eine Reihe von Wandlungen darin entdecken, doch handelt es sich meist eher um wechselnde Interpretationen und Gewichtungen als um völlig neue Vorstellungen. Die Geschichte des abendländischen Kaisertums ist deshalb ein faszinierendes Beispiel von der Beharrungsfähigkeit politischer Traditionen in einer sich wandelnden Welt.

Kein politisches System kann den Gehorsam und vor allem die aktive Mitarbeit, die Hingabe und Begeisterung der Menschen, die es benötigt, einfach erzwingen. Herrschaft ist, seit es sie gibt, in besonderen, geheiligten Traditionen begründet, die gleichzeitig mehr oder weniger eingehende ‚Spielregeln' aufstellen. Jeder Machthaber muß seine Machtausübung als Teil einer umfassenden Ordnung, als Verwirklichung dieser Ordnung darstellen. Das ist imgrunde heute nicht anders; doch umso mehr gilt das für Zeiten, die viel weniger Mittel besaßen, um Herrschaft wirksam zu machen. Die Tradition motiviert Herrscher wie Beherrschte; sie erklärt die stets neuen, oft unerhörten Ereignisse, die zu jeder Zeit die Menschen verunsichert haben, im Sinn vertrauter Modelle; sie gibt Verhaltensmuster vor, läßt Gut und Böse erkennen und vermittelt das beruhigende Gefühl, daß die eigene Zeit doch nichts anderes ist als die Fortsetzung der ‚guten alten Zeit' mit anderen Mitteln. Wo es der Politik gelingt, den Sinn ihrer Handlungen aus der Tradition so zu begründen, kann sie der Zustimmung der meisten sicher sein. Dabei erweist sich gerade das, was dem distanzierten Betrachter irrational scheint, oft als am wirksamsten. Wer heutzutage

aufmerksam Wahlplakate beobachtet, wird dieselbe Erfahrung machen. Im Mittelalter ist das zumindest für uns viel augenfälliger; doch ist auch diese Irrationalität ein Teil des ganzen Systems, ohne den es nicht funktioniert hätte.
Die Idee, oder Ideologie, des Römischen Reiches war ein äußerst komplexes Gebilde, schon bevor die Karolinger sich ihrer bedienten. Das Imperium Romanum brachte republikanische Institutionen und vergöttlichte Caesaren hervor, bedeutete Weltherrschaft und eine umfassende Friedensordnung, rücksichtslose Bürokratie und individuelle Verantwortung. Das Christentum kritisierte es und bemächtigte sich seiner; bei den Kirchenvätern konnte man sowohl die Idee des christlichen Imperiums als Abbild göttlicher Ordnung finden als auch eine Ablehnung der sündigen weltlichen Gewalt. Einem Mittelalter, das sich immer wieder an den großartigen Überresten des Römertums, an Ruinen und Schriften maß, mußte die Römerzeit als überlegen erscheinen; zudem war sie die Epoche Christi, der Märtyrer und Heiligen. Der Blick zurück brachte immer wieder die Idee der Renovatio, der Reform, der Wiedergewinnung vergangener Größe hervor. Das ‚römische' Kaisertum der fränkischen und deutschen Herrscher wurde zu einem Kristallisationspunkt solcher Bemühungen; wo es ernst genommen wurde, war es mehr als eine bloße Rechtfertigung der Herrschaft, es bedeutete nichts weniger als eine an der großen Tradition orientierte umfassende Welt- und Lebensordnung.
Gerade der hohe Anspruch, der vielfältige und umfassende Charakter der Reichsidee machte sie für immer neue Generationen attraktiv. Auch als sie schon vielfach ihre Unfähigkeit erwiesen hatte, die Welt in ihrem Sinn zu verändern, mobilisierte sie immer noch neue Hoffnungen. Das 15. Jahrhundert hatte zwar wenig zu bieten, woran ein Erneuerungsprogramm des Reiches noch ansetzen konnte; dennoch bekam das ‚Heilige Römische Reich' in der aufgewühlten Zeit um 1500 und danach neue Aktualität, vermochte von neuem zu begeistern und zu motivieren. Bei allen Reichsreformplänen der Zeit ging es darum, den Anschluß an den Prozeß der Staatswerdung zu finden, der sowohl die großen westeuropäischen Monarchien England, Frankreich und Spanien als auch bereits viele der Klein- und Mittelstaaten in Deutschland und Italien gefestigt hatte. Die Lebenskraft des Reiches mußte sich letztlich daran entscheiden, ob es einen eigenen Staatsapparat, eine Verwaltungsorganisation, Gerichtsbarkeit, Finanzhoheit und ein zentrales Reichsheer schaffen konnte. Das zähe Bemühen um eine Reichsreform in diesem Sinn in den Jahren um 1500 zeigt, daß solche Pläne damals noch nicht aussichtslos erschienen. Daß sie scheiterten, besiegelte schließlich das Schicksal des Heiligen Römischen Reiches.

Daß überhaupt wieder mit einigen Hoffnungen Reichspolitik betrieben werden konnte, lag am Aufstieg der Habsburger zu einer europäischen Großmacht, was ihnen erst die Mittel gab, sich auf das kostspielige Abenteuer im Reich einzulassen. Der rasche Machtzuwachs der Habsburger wiederum entschied sich größtenteils außerhalb des Reichsgebietes. Binnen weniger Jahrzehnte machten drei Habsburgerhochzeiten die Dynastie zu Erben dreier mächtiger Familien, die noch dazu völlig unerwarteterweise zum Teil ausstarben. Andere mögen Kriege führen, „tu felix Austria nube" – du, glückliches Österreich, heirate, so drückte später ein Sprichwort das ungewöhnliche Erbglück aus. Doch stimmt das nur zum Teil, denn die Hochzeiten waren nur ein Schritt auf dem mühsamen Weg, den Erbanspruch auch machtpolitisch durchzusetzen, was teils langwierige Kriege erforderte.
Die erste dieser hochpolitischen Hochzeiten fand 1477 statt; Friedrich III. hatte die Verbindung seines Sohnes Maximilian mit Maria, der einzigen Tochter des Burgun-

derherzogs Karl des Kühnen, eingefädelt. Am 5. Jänner fiel der allzukühne Karl vor Nancy im Kampf gegen die Eidgenossen; Friedrich hatte seine schriftliche Zusage in der Hand und ließ sicherheitshalber schon am 21. April durch einen Stellvertreter die Ehe schließen, so daß am 19. August in Brügge die feierliche Vermählung Maximilians mit Maria stattfinden konnte. Burgund, das die Habsburger dadurch beanspruchen konnten, war ein unwahrscheinliches Konglomerat von Ländern und Herrschaftsrechten, die teils der französischen, teils der ‚römischen' Krone unterstanden. Beharrliche Hausmachtpolitik in beiden Reichen hatte die burgundischen Herzöge in den exklusiven Kreis der mächtigsten Fürsten Europas eingeführt, obwohl sie theoretisch über keinen souveränen Staat geboten. Die Mittel zu dieser raumgreifenden Politik sicherten sie sich zum Großteil durch die Herrschaft über das reiche Flandern, dessen Tuchmanufakturen es zu einer Drehscheibe der europäischen Wirtschaft gemacht hatten. Die Erträge einer frühkapitalistischen Wirtschaft finanzierten auch die ungeheuer aufwendige, mehr oder weniger nostalgische feudale Selbstdarstellung am burgundischen Hof; darunter den bestausgestatteten Ritterorden des Abendlandes, den 1430 gegründeten Orden vom Goldenen Vlies.

Maximilian mußte um das reiche Erbe 15 Jahre Krieg führen, was dadurch erschwert wurde, daß Maria nach wenigen Jahren auf der Falkenjagd verunglückte. Die flandrischen Städte verbanden sich mit den Franzosen gegen den österreichischen Prinzen; die Stadt Brügge hielt Maximilian einmal 16 Wochen in Kerkerhaft und drohte mit seiner Hinrichtung, bis der 73jährige Friedrich III. mit einem Reichsheer vor den Mauern erschien. Erst 1493 sicherte ein Frieden mit Frankreich den Habsburgern den größeren Teil des Gebietes, das einst Karl dem Kühnen gehört hatte. Wenig später, 1496, vermählte Maximilian seinen (und Marias) Sohn Philipp ‚den Schönen' mit einer spanischen Prinzessin, Johanna der Wahnsinnigen; Zweck dieser Verbindung war zunächst nur die Einkreisung Frankreichs; an eine Nachfolge in Spanien war nicht gedacht. Erst der unerwartete Tod des seinerseits mit einer Habsburgerin verheirateten Thronfolgers Juan und anderer Verwandter machte Philipp zum Thronerben; der Rückschlag kam hier mit dem plötzlichen Tod des Habsburgers im Jahr 1506, doch konnte schließlich Philipps Sohn Karl das spanische Erbe antreten; gerade in einer Zeit, als die Entdeckungen in Amerika und in Übersee ganz neue Möglichkeiten erschlossen.

Maximilians dritter ‚Streich' schließlich gelang 1515 durch einen Heiratsvertrag mit Wladislaw Jagiello, König von Ungarn und Böhmen, der eine habsburgisch-jagiellonische Doppelhochzeit vorsah. Versuche, Ungarn, Böhmen und Österreich durch Erbverträge und Hochzeiten in einer Hand zu vereinen, hatte es schon zuvor gegeben; Albrecht V. und Friedrich III. waren diesem Ziel bereits recht nahe gekommen. 1526 fiel der letzte Jagiellone, der junge Ungarnkönig Ludwig II., in der Schlacht von Mohács gegen die Türken, und Maximilians Enkel Ferdinand konnte sich zum König von Böhmen und Ungarn krönen lassen; auch diese Erwerbung ging nicht ohne Widerstände ab, und ein Großteil Ungarns blieb noch über 150 Jahre in türkischer Hand. Doch der Grundstein zur habsburgischen Donaumonarchie war damit gelegt.

Maximilian I. betrieb also Politik mit großem Horizont. Seine Pläne gingen noch über seine Erfolge hinaus. Für die Nachwelt wohl am bizarrsten muß sein Wunsch erscheinen, selbst Papst zu werden. Als seine zweite Frau Bianca gestorben war und der Papst gerade krank darniederlag, boten ihm Kardinäle eines Gegenkonzils die Papstwürde an; eine ungewöhnliche Lösung der alten Auseinandersetzung zwischen Kaiser und Papst, die beiden höchsten Gewalten in einer Hand zu vereinen! Maximilian erwog auch die finanzielle Seite des Unternehmens: die Summen, die man den Kardinälen für die Wahl würde zahlen müssen, und die Verwaltung des deutschen Kirchenvermögens, die er der Augsburger Bankiersfamilie Fugger zugedacht hatte. Doch nahm er schließlich selbst Abstand von dem Plan, der wohl auch große Widerstände hervorgerufen hätte; selbst wenn er in einer Zeit, wo die Renaissancepäpste in sehr weltlichem Stil regierten, gar nicht so abwegig erscheinen mochte. Etwas später trug sich Maximilian noch mit einem anderen ‚Jahrhundertplan', einem großen abendländischen Kreuzzug zur Eroberung von Konstantinopel und Jerusalem und zur Vernichtung des Türkenreiches. Noch in seinem letzten Lebensjahr war Maximilian bereit, wie einst Barbarossa ins Heilige Land aufzubrechen; doch die Fürsten waren dafür nicht zu gewinnen.

Unter so weitgespannten Projekten spielte immer wieder das Reich eine Rolle; die Erneuerung des universalen Kaisertums war eine Konstante bei den rasch wechselnden Plänen Maximilians. Dennoch erschöpfte sich seine Reichspolitik im Hin und Her um die Frage der Reichsreform. Daß das Reich, außer dem periodisch zusammentretenden Reichstag als Vertretung der Stände, noch weitere zentrale Organe benötigte, war unbestritten. Ob jedoch der Kaiser oder die Stände über ihre Zusammensetzung und Tätigkeit entscheiden sollten, darüber konnte man sich nicht einigen; ungelöst blieb vor allem, wer dafür bezahlen sollte. Die Einführung des „gemeinen Pfennigs" als einer allgemeinen Reichssteuer blieb ohne Folgen; auch die Aufstellung eines Reichsheeres scheiterte daran. Dafür gelang die Einsetzung eines Reichskammergerichtes, das zunächst in Speyer, später in Wetzlar amtierte. Das hohe Gericht blieb freilich ein Torso, denn viele Fürsten besaßen Privilegien, die eine Berufung von ihrer Gerichtsbarkeit an Reichsgerichte ausschlossen. Zudem war es zunehmend berüchtigt für die schleppende Abwicklung der Prozesse, und im 18. Jahrhundert glich es dann mehr einer Karikatur als einem Vorbild der Rechtspflege.

Mehr als Ansätze zentraler Institutionen hatte Maximilian den Fürsten nicht abringen können; doch auch diesen gelang es nicht, dem Kaiser mit dem Reichsregiment eine wirkungsvolle ständige Körperschaft gegenüberzusetzen. Auch in Italien waren Maximilians Politik keine rauschenden Erfolge beschieden; er verpulverte seine Kräfte in einem Abnützungskrieg gegen die Venezianer, die ihren Besitz auf dem Festland sehr ausgeweitet hatten. Sie verhinderten auch Maximilians geplanten Romzug; schließlich ließ er sich im Februar 1508 im Dom von Trient von seinem ersten Rat, Bischof Lang, zum „Erwählten Römischen Kaiser" ausrufen. Das war nicht unbedingt als Ersatz für eine Kaiserkrönung in Rom gedacht, sondern sollte zunächst nur Maximilians Anspruch auf die Kaiserkrone dokumentieren, bevor etwa der französische König danach greifen konnte. Doch wie so oft setzte sich das Provisorium durch; nur Karl V. ließ sich noch durch den Papst krönen, spätere Könige verzichteten darauf und nahmen gleich Maximilians Titel an.

Die Politik, die Maximilian betrieb, war teuer. Er war nie verlegen um die Erschließung neuer Geldquellen. Nur wegen des Geldes heiratete er seine zweite Frau, Bianca Maria aus dem eher anrüchigen Geschlecht der Mailänder Sforza. Sie brachte eine Mitgift von 300.000 Gulden und kostbarsten Hausrat (darunter einen silbernen Nachttopf) in die Ehe ein; doch war dieses Vermögen bald ausgegeben, und Maximilian behandelte die solcherart ausgenommene Gemahlin nicht immer ritterlich. Systematisch preßte er nun seine Länder aus, verpfändete alle Güter und Einnahmen: „Als er starb, waren etwa zehn volle Jahreserträge durch Anleihen, Verpfändungen etc. vorweggenommen. Die ungeheure Schuldenlast, die er hinterließ, bewegte sich gegen sechs Millionen Gulden, deren volle Abzahlung sich bis gegen Ende des Jahrhunderts hinzog. Der König trieb eben „Weltpolitik auf Vorschuß", faßt Hermann Wiesflecker zusammen. Nach dem Tod des Kaisers, am 12. Januar 1519, mußte sogar das Geld für seine Beisetzung in Wiener Neustadt ausgeliehen werden. Das großartige Grabmal in Innsbruck, nach Maximilians eigenen Plänen, wurde erst viele Jahre später fertiggestellt.

Im selben Jahr gelang, sozusagen postum, Maximilians teuerster Plan: Die Wahl seines spanischen Enkels Karl zum römischen König. Die Wahlkosten, vor allem Zahlungen an die Kurfürsten, beliefen sich auf die ‚Kleinigkeit' von 851.918 Gulden. Damit überboten die Habsburger ihren gefährlichsten Konkurrenten, den französischen König Franz I. Diese Unsummen brachte zum Großteil die Familie der Fugger auf, deren Augsburger Wirtschaftswunder ein gewaltiges Vermögen eingebracht hatte. Sie erhielten dafür Bergwerke in Ungarn, Spanien und Tirol. Auch die Augsburger Welser gehörten zu den Finanziers Karls V.; sie bekamen später dafür für viele Jahre die Nutzungsrechte an ganz Venezuela, wo in ihrem Namen deutsche Gouverneure einen schwungvollen Handel mit Indio-Sklaven begannen. Überhaupt waren es nicht zuletzt die riesigen Einkünfte, die langsam aus der Neuen Welt einzutrudeln begannen, die einen schnellen Bankrott der habsburgischen Großmachtpolitik verhinderten. Gold und Silber der Inkas und Azteken, aus den Silberbergwerken von Potosi wurde in vielen Schiffsladungen nach Sevilla geschafft. Das „Reich, in dem die Sonne nicht unterging", über das Karl regierte, bot völlig neue politische Möglichkeiten. Doch sollte darüber nicht vergessen werden, daß diese Möglichkeiten mit dem Untergang von Millionen Indios und dem Beginn eines großen Geschäfts mit Negersklaven erkauft waren. Man kann darüber streiten, wie viele der Opfer durch eingeschleppte Seuchen, wie viele durch Zwangsarbeit, Verelendung oder die Brutalität der Conquistadoren umkamen; auf jeden Fall bleibt auf dem christlichen Kaiser- und Königtum Karls V. und seiner Nachfolger ein Schatten zurück, der in der europäischen Forschung viel zuwenig zur Kenntnis genommen wird.

Verhängnisvoller für Karl V., der sich 1530 in Bologna vom Papst zum Kaiser krönen ließ, waren die Schatten, die seit langem auf das Papsttum gefallen waren. Der hemmungslose Verkauf aller Ämter, die Aufhäufung gigantischer Reichtümer, gewohnheitsmäßige Bestechung der Kardinäle bei der Papstwahl, Intrigen und Attacken gegen italienische Städte und Fürstentümer, die Schreckensherrschaft des Borgia-Papstes Alexander VI. (†1503) und seines Sohnes Cesare, die aufwendige Repräsentation, die im Neubau der Peterskirche gipfelte, finanziert nicht zuletzt durch einen scheinheiligen Ablaßhandel, der einen Nachlaß der Sündenstrafen im Jenseits gegen Geld versprach, mußten die moralische Position des Papsttums völlig untergraben. Die Auflehnung gegen den Papst in Deutschland entzündete sich an einem keineswegs ungewöhnlichen Geschäft: Albrecht von Hohenzollern ließ sich die Nachfolge als Mainzer Erzbischof 29.000 Gulden kosten (vor allem die Gebühr, die dafür an den Papst zu entrichten war) und borgte diese Summe von den Fuggern; um sie zurückzahlen zu können, schlug Papst Leo X. vor, in großem Stil Ablässe zu verkaufen und je die Hälfte für Albrechts Schulden und für den Neubau der Peterskirche zu verwenden. Die wachsende, aber keineswegs neue Verquickung von Politik, Geschäft und Religion stieß nun doch auf Widerstand; Martin Luther griff den Ablaßhandel und den päpstlichen Primat überhaupt an. Auch wenn er seine berühmten Thesen vielleicht nicht, wie man lange glaubte, an die Wittenberger Kirche nagelte, sondern brieflich anderen Gelehrten übersandte, erreichten sie bald große Verbreitung und Wirksamkeit. Vor Kaiser Karl gab er auf dem berühmten Wormser Reichstag für seine Haltung eine sehr einleuchtende Begründung: „Ich glaube weder dem Papst noch den Konzi-

len allein, weil es am Tag und offenbar ist, daß sie oft geirrt haben..." Das religiöse Aufbegehren verband sich mit vielfältigen sozialen Bewegungen: Unzufriedenheit der Städte, der kleinen Ritter, vor allem aber der Bauern, deren Schicksal sich gerade durch die neuen wirtschaftlichen Entwicklungen verschlechtert hatte. Den Forderungen der Bauern, die vielfach nur ihr ‚altes Recht' wollten, wurde im großen Bauernkrieg von 1525 mit grausamen Unterdrückungsmaßnahmen, denen wohl gegen 100.000 Bauern zum Opfer fielen, die Spitze genommen. Die Ideen der Reformation waren auf diese Weise nicht mehr in den Griff zu kriegen; denn inzwischen hatten sich viele Fürsten dazu bekannt.
Karl V. verstand sich durchaus nicht als vorbehaltloser Verteidiger päpstlicher Interessen. Im Gegenteil, er nützte die antipäpstliche Stimmung zu einem sehr drastischen Schritt. In einem Konflikt mit Papst Clemens VII. setzte er 1527 seine spanischen und deutschen Landsknechte, die durch Ausbleiben des Soldes erbost waren, gegen Rom in Marsch. Es ist ungewiß, ob das seinen Absichten entsprach, doch sein Heer drang in Rom ein, das gebrandschatzt und geplündert wurde; der Papst selbst konnte mit knapper Not in die Engelsburg flüchten. Dieser „Sacco di Roma" erregte ungeheures Aufsehen; am Kaiserhof überlegte man, ob man nun die Situation zu einer vom Kaiser diktierten, umfassenden Kirchenreform nützen könnte. Doch obwohl viele, auch Kleriker, die Plünderung der Ewigen Stadt für eine mehr oder weniger gerechte Strafe für das verlotterte Papsttum hielten, brachte die Demütigung des Papstes dem Kaiser auch große Schwierigkeiten. Karl V. konnte kaum die moralische Autorität beanspruchen, durch eine Reform der Reformation etwa noch das Wasser abzugraben. Er behielt zwar größeren Einfluß auf die Päpste als die Kaiser der letzten Jahrhunderte je gehabt hatten; doch blieb seine Politik im Reich auch an die Interessen der Kirchenführung gebunden, umsomehr, als die Fürsten sich nun im Namen der Reformation gegen ihn zusammenzutun begannen. Damit war eine Front festgefahren, die nach zahlreichen Auseinandersetzungen schließlich zur großen Explosion des Dreißigjäh rigen Krieges führen sollte: Der katholische Kaiser, einige katholische Fürsten und die um Gegenreformation bemühte Kirche gegen die protestantischen Fürsten, die schließlich vom protestantischen Schweden, aber auch vom katholischen Frankreich unterstützt wurden.
Jahrzehntelang gelang es im Reich, zwischen katholischen und protestantischen Fürsten einigermaßen den Status quo zu erhalten. Doch mit dem Fortschreiten der Gegenreformation versuchte die katholische Kirche verlorenes Terrain wiederzugewinnen; mit diesen Bestrebungen verband sich schließlich der Versuch der habsburgischen Kaiser, die protestantischen Stände – und die Stände überhaupt – zurückzudrängen, in den habsburgischen Erblanden wie im Reich. Der Krieg, der 1618 begann, schien zunächst Kaiser Matthias (†1619) und seinem Nachfolger Ferdinand II. (†1637) Erfolge zu bringen; das Eingreifen der Schweden stellte das Gleichgewicht wieder her, und die Situation geriet schließlich völlig außer Kontrolle. „Bald fielen die Schweden uber Rhein herüber und jagten die Keiserischen aus ihrem quartier, bald jagten diese hinwieder jene hinaus. Dadurch dan das ganze land zwischen Meyn und Rhein gar erschöpfet wurde, und dorfte sich kein mensch ufm land blicken lassen, ihm wurde nachgejagt wie einem wild, da er ergriffen, onbarmherzig zerschlagen und umb verrahtung geld oder viehe oder pferd mehr als auf Türkische weise geknöbelt, an heißen ofen nackend angebunden, aufgehenkt, mit rauch gedempft, mit wasser und pful (Jauche), so sie den leuten mit zübern in hals geschüttet und mit füssen uf die dicken bäuche gesprungen, getränket, welche barbarische tränkung genannt worden der Schwedische trunk. Nicht daß ihn aber die Schweden allein gebraucht, sondern

vielmehr weil die Keyserischen den gefangenen oder sonst den Schwedischen zugetanen also einzuschenken pflegten.“ So berichtet der Pfarrer Minck aus dem Odenwald in seiner Chronik zum Jahr 1634. In manchen Gegenden sank die Bevölkerung während der dreißig Kriegsjahre um die Hälfte.
Schließlich sah auch Kaiser Ferdinand III. ein, daß „die fast gänzliche ermanglung der mittel, daß algemeine seifzen nach dem friden“ und der durch „die langwirikheit des gegenwertigen khrieges . . . erfolgte ruin deß heiligen Römischen reichs“ (wie er in einer Geheiminstruktion an einen Gesandten schrieb) einen Friedensschluß notwendig machten. Vier Jahre lang dauerten die verzwickten Verhandlungen zu Münster und Osnabrück, dann konnte 1648 der „westfälische Frieden“ unterzeichnet werden. Der erste Artikel betraf die Rechte der Fürsten. „Damit aber vorgesorgt sei, daß künftig in der politischen Ordnung keine Streitigkeiten entstehen, sollen alle und jede Kurfürsten, Fürsten und Stände des Römischen Reichs in ihren alten Rechten, Vorzügen, Freiheit, Privilegien und der freien Ausübung ihrer Landeshoheit sowohl in geistlichen als auch in weltlichen Angelegenheiten, in ihren Gebieten, Regalien und deren aller Besitz kraft dieses Vertrages so befestigt und bestätigt sein, daß sie von niemandem jemals unter irgendeinem Vorwand tätlich gestört werden können oder dürfen.“ Das bedeutete eine klare Absage an alle Versuche des Kaisers, seiner Herrschaft im Reich Substanz zu geben.
Dieser Zustand wurde zumeist als unbefriedigend angesehen. Der protestantische Völkerrechtler Samuel Pufendorf urteilte 1667: „Es bleibt also nichts übrig, als daß wir sagen, Deutschland sei, wenn man es nach den Regeln der Staatslehre einordnen will, ein unregelmäßiges Gebilde und einem Monstrum ähnlich, das im Laufe der Zeit durch den fahrlässigen Leichtsinn der Kaiser, durch den Ehrgeiz der Fürsten und die Unruhe der Geistlichen aus einem normalen Königreich in eine wenig kunstgerechte Form umgewandelt worden ist, daß es weder eine auch nur beschränkte Monarchie ist – wenn auch die äußeren Erscheinungsformen eine solche andeuten – noch, genau genommen, irgendeine Körperschaft oder ein System von mehreren, durch ein Bündnis verknüpften Staaten darstellt, sondern eher ein Mittelding zwischen beiden. Dies erzeugt einen steten Zündstoff durch zehrende Krankheit und innere Umwälzungen . . .“ Die zehrende Krankheit dieses unmöglichen Reiches verhinderte nicht, daß es weitere anderthalb Jahrhunderte nach ehrwürdigen und weniger ehrwürdigen Traditionen weiter regiert wurde. Immerhin stellte es einen historisch gewachsenen Zustand des Interessenausgleichs zwischen einer Unzahl kleinerer und größerer Gewalten dar, der schwer zu ersetzen war. Der Nachwelt – und teils schon den Zeitgenossen – erschienen die über 1800 staatlichen Gebilde auf dem Boden des Reiches, die zahllosen Fürstentümer und Grafschaften, Reichsstädte und Reichsdörfer, Bistümer und Reichsabteien monströs oder lächerlich, und sicherlich haben diese das ihre dazu beigetragen, wirtschaftlichen Fortschritt und bürgerliche Freiheiten zu behindern. Doch half die durch das Reich gleichsam künstlich konservierte deutsche ‚Kleinstaaterei‘ vielleicht auch eine Verschärfung mancher Großmachtkonflikte verhindern. Das Reich war es auch, das gerade durch seine lockere Organisationsform einen religiösen Ausgleich, eine Koexistenz von Katholiken und Reformierten überhaupt erst möglich machte. So ist es kein Wunder, daß sich viele lange Zeit an die überholt scheinende Rechtsform des Heiligen Römischen Reiches Deutscher Nation klammerten, meist gerade die Vertreter kleiner und mittlerer Gemeinwesen. Nur ließ ihr Eigensinn, ihr Konservativismus eine zeitgemäße Neuordnung ihres Zusammenlebens nicht zu. Es dauerte über 100 Jahre, bis alle deutschen Staaten den gregorianischen Kalender übernommen hatten und damit überhaupt im ganzen Reich der

gleiche Monatstag gezählt wurde. So konnte das Reich gegen Ende seiner Existenz zum Sinnbild des Unzeitgemäßen werden.
Dennoch bedurfte es einer gewaltigen Erschütterung, um das kranke Imperium zu stürzen: der napoleonischen Kriege. Eine Zeitlang hatten die alten Mächte den Fortgang der französischen Revolution mit Schrecken und Verachtung, viele Bürger sie zunächst mit Hoffnung verfolgt. Als die Nachbarn der Franzosen versuchten, den revolutionären Spuk mit Waffengewalt zu beenden, stießen sie auf überraschend starke Gegenwehr. In mehreren rasch aufeinander folgenden Koalitionskriegen schlug Napoleons ‚Große Armee' alle Gegner, vor allem Preußen und Österreich. Die Gebiete westlich des Rheins wurden an Frankreich angeschlossen; dadurch kam das Gefüge des Reiches in Unordnung. Fürsten, die ihr Land verloren hatten, sollten entschädigt werden, unzeitgemäße Kleinstherrschaften beseitigt, kirchliche Besitztümer weltlichen Gewalten zugeeignet werden. Der „Reichsdeputationshauptschluß", unter französischem Druck zustande gekommen, versuchte eine solche Flurbereinigung. Der nächste Akt war Napoleons selbstherrliche Kaiserkrönung im Jahr 1804, das durch ein Plebiszit gedeckt wurde. Das war natürlich eine Herausforderung an das alte Reich, dessen Ohnmacht der neue Kaiser der Franzosen mehrfach unter Beweis gestellt hatte.
Der ‚römische' Kaiser, Franz II., war dadurch unter Zugzwang. Durch die neuen Verhältnisse im Reich war nicht einmal mehr gesichert, ob die Habsburger die Kaiserwürde zu halten imstande sein würden. Er tat daher den gleichen Schritt wie der Emporkömmling aus Korsika: Am 10. August 1804 verkündete er einer exklusiven Versammlung hoher Würdenträger den Beschluß zur Annahme des Titels „Kaiser von Österreich". Von einer Krönung sah man ab; der Beschluß verletzte die Reichsverfassung und war auch sonst anfechtbar, und man wollte möglichen Widerständen keine neue Nahrung geben. Zwei Jahre lang trug Kaiser Franz zwei Kaisertitel, den alten und den neuen. Bald kam es wieder zum Krieg gegen Napoleon; in der „Dreikaiserschlacht" bei Austerlitz (auch die Armee des Zaren nahm daran teil) mußte Franz eine weitere Niederlage hinnehmen. „Heute wurde eine Schlacht ausgetragen, die kein sehr schönes Ende nahm", schrieb er seiner Gemahlin. Der siegreiche Napoleon dachte daran, sich nun selbst zum römischen Kaiser krönen zu lassen; schließlich zwang er die westdeutschen Fürsten, sich zu einem Rheinbund zu formieren und aus dem alten Reich auszutreten. Unter französischem Druck tat nun Franz II. den letzten Schritt: Am 6. August 1806 legte er die römische Kaiserkrone zurück und gab gleichzeitig die Auflösung des Heiligen Römischen Reiches bekannt. „Deutschland in seiner tiefsten Erniedrigung", wie eine im selben Jahr erschienene Schrift es nannte, hatte vom alten Reich ohnehin nichts zu erwarten. Der Widerstand gegen Napoleon bediente sich anderer politischer Formen; selbst als nach dem Sturz des Franzosenkaisers der Wiener Kongreß das alte Europa zu restaurieren suchte, wurde das ‚Heilige Römische Reich' nicht noch einmal zum Leben erweckt.
Der Schritt Napoleons hingegen fand noch einige Nachfolger, die sich wie er mit dem ‚herrenlos' gewordenen Kaisertitel schmückten: Der Diktator Napoleon III., Neffe des Korsen, machte sich 1852 zum Kaiser der Franzosen; als er geschlagen war, ließ sich der Preußenkönig 1871 in Versailles zum deutschen Kaiser proklamieren; schon vorher hatte sich ein Sproß der portugiesischen Königsfamilie, Pedro I., 1822 zum Kaiser von Brasilien erklärt, bei seinem unseligen Abenteuer in Mexiko trug der österreichische Erzherzog Maximilian den Kaisertitel, und in England nahm auf Anraten des Premiers Disraeli Königin Victoria 1877 den Titel einer Kaiserin von Indien an. Die Linie läßt sich bis in unser Jahrhundert zu Bokassa, der sich 1977 zum

‚Kaiser‘ von Zentralafrika ausrief und nach zwei Jahren gestürzt wurde, fortsetzen. Der ‚Splendor imperii‘, der Glanz des Reiches, der so lange als Magnet auf die Mächtigen wirkte, hat also vielleicht gerade in unseren Tagen seinen allerletzten Nachfolger gefunden.

ANHANG

KÖNIGE UND KAISER

nach Grotefend, Taschenbuch der Zeitrechnung des deutschen Mittelalters und der Neuzeit (11. Aufl. 1971). K. = Datum der Kaiserkrönung

Karolingisches Haus

768– 814	Karl der Große (K. 800)
814– 840	Ludwig der Fromme (K. 814)
840– 876	Ludwig der Deutsche
876– 882	Ludwig III., der Jüngere
876– 887	Karl III. (der Dicke) (K. 881)
887– 899	Arnulf von Kärnten (K. 896)
900– 911	Ludwig das Kind
911– 918	Konrad I.

Sächsisches Haus

919– 936	Heinrich I.
936– 973	Otto I., der Große (K. 962)
973– 983	Otto II. (K. 967)
983–1002	Otto III. (K. 996)
1002–1024	Heinrich II. (K. 1014)

Fränkisches oder Salisches Haus

1024–1039	Konrad II. (K. 1027)
1039–1056	Heinrich III. (K. 1046)
1056–1106	Heinrich IV. (K. 1084)
1077–1080	Rudolf von Schwaben
1081–1088	Hermann von Salm
1106–1125	Heinrich V. (K. 1111)
1125–1137	Lothar (III.) von Supplinburg (K. 1133)

Hohenstaufen oder Staufer

1138–1152	Konrad III.
1152–1190	Friedrich I., Barbarossa (K. 1155)
1190–1197	Heinrich VI. (K. 1191)
1198–1208	Philipp von Schwaben
1198–1218	Otto IV. (Welfe) (K. 1209)
1212–1250	Friedrich II. (K. 1220)
1246–1247	Heinrich Raspe
1250–1254	Konrad IV.

Interregnum

1247–1256	Wilhelm von Holland
1257–1284	Alfons X. von Kastilien
1257–1272	Richard von Cornwallis

Könige verschiedener Häuser

1273–1291	Rudolf I. von Habsburg
1292–1298	Adolf von Nassau
1298–1308	Albrecht I. von Österreich
1308–1313	Heinrich VII. von Luxemburg (K. 1312)
1314–1347	Ludwig IV., der Bayer (K. 1328)
1314–1330	Friedrich der Schöne von Österreich
1346–1378	Karl IV. von Luxemburg (K. 1355)
1349	Günter von Schwarzburg
1378–1400	Wenzel
1400–1410	Ruprecht von der Pfalz
1410–1411	Jobst von Mähren
1410–1437	Siegmund von Luxemburg (K. 1433)

Haus Habsburg

1438–1439	Albrecht II.
1440–1493	Friedrich III. (K. 1452)
1493–1519	Maximilian I. (K. 1508)
1519–1556	Karl V. (1530)
1556–1564	Ferdinand I.
1564–1576	Maximilian II.
1576–1612	Rudolf II.
1612–1619	Matthias
1619–1637	Ferdinand II.
1637–1657	Ferdinand III.
1658–1705	Leopold I.
1705–1711	Joseph I.
1711–1740	Karl VI.
1742–1745	Karl VII., Albrecht von Bayern

Haus (Habsburg-)Lothringen-Toskana

1745–1765	Franz I. Stephan
1765–1790	Josef II.
1790–1792	Leopold II.
1792–1806	Franz II.

PÄPSTE

nach der offiziellen kath. Aufstellung des Annuario Pontificio 1953. Die in Klammern stehenden Namen sind Gegenpäpste oder nicht anerkannte Päpste. * = Heilige, ** = Selige. Die Jahreszahlen bedeuten das Ende des Pontifikats. Die Päpste ohne Nationalitätsangabc sind Italiener.

Hadrian I.	795
Leo III.*	816
Stephan V.	817
Paschalis I.	824
Eugen II.	827
Valentin	827
Gregor IV.	844
(Johannes 844)	
Sergius II.	847
Leo IV.*	855
Benedikt III.	858
(Anastasius 855)	
Nikolaus I.*	867
Hadrian II.	872
Johannes VIII.	882
Marinius I.	884
Hadrian III.*	885
Stephan VI.	891
Formosus	896
Bonifazius VI.	896
Stephan VII.	897
Romanus	897
Theodor II.	897
Johannes IX.	900
Benedikt IV.	903
Leo V.	903
(Christophorus 904)	
Sergius III.	911
Anastasius III.	913
Lando	914
Johannes X.	928
Leo VI.	928
Stephan VIII.	931
Johannes XI.	935
Leo VII.	939
Stephan IX.	942
Marinus II.	946
Agapetus II.	955
Johannes XII.	964
Leo VIII.	965
Benedikt V.	966
Johannes XIII.	972
Benedikt VI.	974
(Bonifazius VII. 974)	
Benedikt VII.	983
Johannes XIV.	984
(Bonifazius VII. 985)	
Johannes XV.	996
Gregor V. (Deutscher)	999
(Johannes XVI. 997–998)	
Silvester II. (Franzose)	1003
Johannes XVII.	1003
Johannes XVIII.	1009
Sergius IV.	1012
Benedikt VIII.	1024
(Gregor 1012)	
Johannes XIX.	1032
Benedikt IX.	1045
Silvester III.	1046
Gregor VI.	1046
Clemens II. (Deutscher)	1047
Benedikt IX.	1048
Damasus II. (Deutscher)	1048
Leo IX.* (Deutscher)	1054
Viktor II. (Deutscher)	1057
Stephan IX. (Deutscher)	1058
(Benedikt X. 1059)	
Nikolaus II. (Deutscher)	1061
Alexander II.	1073
(Honorius II. 1061–1072)	
Gregor VII.*	1085
(Clemens III. 1084–1100)	
Viktor III.**	1087
Urban II.** (Franzose)	1099
Paschalis II.	1118
(Theodorich 1100–1102; Albert 1102, Silvester IV. 1105–1111)	
Gelasius II.	1119
(Gregor VIII. 1118–1121)	
Calixt II. (Franzose)	1124
Honorius II.	1130
(Coelestin II. 1124)	
Innozenz II.	1143
(Anaklet II. 1130–1138; Viktor IV. 1138)	
Coelestin II.	1144
Lucius II.	1145
Eugen III.**	1153
Anastasius IV.	1154
Hadrian IV. (Engländer)	1159
Alexander III.	1181
(Viktor IV. 1159–1164; Paschalis III. 1164–1168; Calixt III. 1168–1178; Innozenz III. 1179–1180)	
Lucius III.	1185
Urban III.	1187
Gregor VIII.	1187
Clemens III.	1191
Coelestin III.	1198
Innozenz III.	1216
Honorius III.	1227
Gregor IX.	1241
Coelestin IV.	1241
Innozenz IV.	1254
Alexander IV.	1261
Urban IV. (Franzose)	1264
Clemens IV. (Franzose)	1268
Gregor X.**	1276
Innozenz V.** (Franzose)	1276
Hadrian V.	1276
Johannes XXI.	1277
Nikolaus III.	1280
Martin IV. (Franzose)	1285
Honorius IV.	1287
Nikolaus IV.	1292
Coelestin V.*	1294
Bonifazius VIII.	1303
Benedikt XI.**	1304
Clemens V. (Franzose)	1314
Johannes XXII. (Franzose)	1334
(Nikolaus V. 1328–1330)	

Benedikt XII. (Franzose)	1342
Clemens VI. (Franzose)	1352
Innozenz VI. (Franzose)	1362
Urban V.** (Franzose)	1370
Gregor XI. (Franzose)	1378
Urban VI.	1389
(Clemens VII. 1378–1394)	
Bonifazius IX.	1404
(Benedikt XIII. 1394–1423)	
Innozenz VII.	1406
(Alexander V. 1410)	
Gregor XII.	1415
(Johannes XXIII. 1415)	
Martin V.	1431
Eugen IV.	1447
(Felix V. 1439–1449)	
Nikolaus V.	1455
Calixt III.	1458
Pius II.	1464
Paul II.	1471
Sixtus IV.	1484
Innozenz VIII.	1492
Alexander VI.	1503
Pius III.	1503
Julius II.	1513
Leo X.	1521
Hadrian VI. (Niederländer)	1523
Clemens VII.	1534
Paul III.	1549
Julius III.	1555
Marcellus II.	1555
Paul IV.	1559
Pius IV.	1565
Pius V.*	1572
Gregor XIII.	1585
Sixtus V.	1590
Urban VII.	1590
Gregor XIV.	1591
Innozenz IX.	1591
Clemens VIII.	1605
Leo XI.	1605
Paul V.	1621
Gregor XV.	1623
Urban VIII.	1644
Innozenz X.	1655
Alexander VII.	1667
Clemens IX.	1669
Clemens X.	1676
Innozenz XI.	1689
Alexander VIII.	1691
Innozenz XII.	1700
Clemens XI.	1721
Innozenz XIII.	1724
Benedikt XIII.	1730
Clemens XII.	1740
Benedikt XIV.	1758
Clemens XIII.	1769
Clemens XIV.	1774
Pius VI.	1799
Pius VII.	1823

QUELLEN UND LITERATUR

QUELLENSAMMLUNGEN, HANDBÜCHER

Die umfassendste Quellensammlung zur deutschen Geschichte des Mittelalters sind die „Monumenta Germaniae Historica“ (MGH) mit wissenschaftlichen Editionen der wichtigsten Geschichtsschreiber, Gesetzessammlungen, Briefe und der Königsurkunden bis in die Stauferzeit (im lateinischen Original). Deutsche Übersetzungen ausgewählter Quellen gibt die alte und teils überholte Reihe „Geschichtsschreiber der deutschen Vorzeit“ (GdV); Original und Übersetzung bietet die neuere Reihe der „Ausgewählten Quellen zur deutschen Geschichte des Mittelalters“ in der „Freiherr von Stein-Gedächtnisausgabe“ (FvSt-Ausg.). Einen Gesamtüberblick über die Quellen gibt die Reihe „Deutschlands Geschichtsquellen im Mittelalter“ von Wattenbach und verschiedenen Neubearbeitern. Für die Reichsgeschichte des Spätmittelalters und der Neuzeit von besonderer Bedeutung ist die Ausgabe der Reichstagsakten (RTA) durch die historische Kommission der bayer. Akademie der Wissenschaften, beginnend 1376.

Das verläßlichste Handbuch mit durchgehender Darstellung ist Gebhardts „Handbuch der deutschen Geschichte“ in der von Herbert Grundmann besorgten Neuausgabe, die auch in Einzelbänden bei dtv in Taschenbuchausgabe erschienen ist (dieser Ausgabe folgt die Bandzählung bei den Literaturhinweisen). Eine sehr ausführliche Schilderung der Ereignisgeschichte mit den wichtigsten Quellenzitaten geben die teilweise allerdings veralteten „Jahrbücher des deutschen Reiches“.

Eine neue Sammlung kurzer Kaiserbiographien ist Helmut Beumann (hg.), Kaisergestalten des Mittelalters (München 1984).

KAPITEL I

Quellen:

Kurt Reindel, Die Kaiserkrönung Karls des Großen (Klecken ü. Hamburg 1966) gibt zu diesem Thema eine ausführliche Zusammenstellung (Latein). Die Quellen zur karolingischen Reichsgeschichte, hg. Reinhold Rau, FvSt-Ausg. 5-6 (Darmstadt 1955–61) enthalten die wichtigsten Quellen zur Geschichte der Karolingerzeit (Latein-Deutsch), darunter:

Einhard, Vita Karoli Magni, vgl. bes. c.28 (Kaiserkrönung und Gesandtschaften), c.17, 26, 32 (Bautätigkeit), c.18 (Frauen Karls des Großen).

Annales Regni Francorum (Reichsannalen), vgl. bes. a.799–801 (Kaiserkrönung).

Annales Xantenses, bes. a.873 (Epilepsie).

In der Epistolac-Reihe Nr. 4 der MGH die Briefe Alkuins (zit. Brief Nr. 174).

Den Überfall auf Papst Leo III. erzählt der ‚Liber pontificalis‘, die offizielle Papstgeschichte (Vita Leonis III.).

Literatur:

Heinrich Fichtenau, Das karolingische Imperium (Wien 1949); Heinz Löwe, Deutschland im fränkischen Reich (= Gebhardt Bd. 2, 1970); über Karl den Großen am ausführlichsten das vierbändige Sammelwerk Wolfgang Braunfels (hg.), Karl der Große, Lebenswerk und Nachleben (Düsseldorf 1965) sowie eine Reihe von Biographien von Josef Fleckenstein, Donald Bullough und anderen. Zum Kaisertum Karls des Großen Heinrich Fichtenau, Karl der Große und das Kaisertum (Darmstadt 1971); Werner Goez, Translatio Imperii (1958).

KAPITEL II

Quellen:

Widukind von Corvey, Res Gestae Saxonicae. Hg. Georg Waitz, Scriptores Rerum Germanicarum 60 (1882) (Lat.), besonders 2,1-2 (Krönung Otto I.), 3,52-56 (Lechfeld-Schlacht.)
Liutprand v. Cremona, Relatio de legatione Constantinopolitanae. Hg. Joseph Becker, Scriptores Rerum Germanicarum 41 (1915) (lat.), bes. 9-11 (Gesandtschaft in Konstantinopel). Beide Quellen auch hg. Albert Bauer/Reinhold Rau, FvSt-Ausg. 8 (Darmstadt 1977).
Thietmar v. Merseburg, Chronik. Hg. Werner Trillmich, FvSt-Ausg. 9 (1957) (Lat./dt.), besonders 2,13 (Goldene Zeit), 2,16-17 (Magdeburg), 4,32 (Kaiserkrönung Ottos I.), 4,47-48 (Otto III. in Aachen und Rom).

Literatur:

Zur Entstehung der Deutschen und des deutschen Reiches: Der Volksname Deutsch. Hg. Hans Eggers, Wege der Forschung 156 (1970); Leo Weisgerber, Deutsch als Volksname (Stuttgart 1953; zit.: S. 98f.); Eckhart Müller-Mertens, Regnum Teutonicum (Wien-Köln-Graz 1970); Hans K. Schulze, Vom Reich der Franken zum Land der Deutschen (Berlin 1987); Helmut Kämpf (hg.), Die Entstehung des deutschen Reiches. Wege der Forschung 1 (3. Aufl. 1971); Boockmann, Karl IV. (wie Kap. 6, S. 259 – Vielsprachigkeit).
Josef Fleckenstein (= Gebhardt Bd. 3); Theodor Schieffer, Die deutsche Kaiserzeit (Frankfurt/M. 1973; zit.: S. 26); Otto der Große. Hg. Harald Zimmermann, Wege der Forschung 450 (1975), vor allem die Beiträge von Leo Santifaller (zit.: S. 422) und Herbert Grundmann; Percy Ernst Schramm, Kaiser, Rom und Renovatio (Leipzig 1929; zit.: S. 107 und 177f. – Otto III. in Rom); Helmut Beumann, Otto der Große bzw. ders., Otto III., in Beumann, Kaisergestalten; Heinrich Fichtenau, Lebensordnungen des 10. Jahrhunderts (Stuttgart 1984); Helmut Beumann/Heinrich Büttner, Das Kaisertum Ottos des Großen (Konstanz 2. Aufl. 1975); Robert Holtzmann, Geschichte der sächsischen Kaiserzeit (München 1974); Eduard Hlawitschka (hg.), Königswahl und Thronfolge in ottonisch-frühdeutscher Zeit. Wege der Forschung 178 (1971).

KAPITEL III

Literatur:

Weltliche und Geistliche Schatzkammer. Bildführer (Wien 1987; bes. 134f. – Geschichte der Reichsinsignien, 136f. und 148ff. – Beschreibung); Percy Ernst Schramm, Herrschaftszeichen und Staatssymbolik (Schriften der MGH 13,1-3, 1954-56); ders./F. Mütherich, Denkmale der deutsche Könige und Kaiser (München 1962); ders./ H. Fillitz, Denkmale der deutschen Könige und Kaiser[2] (Wien 1978); Hermann Fillitz, Die Insignien und Kleinodien des Heiligen Römischen Reiches (Wien 1954); Herwig Wolfram, Splendor Imperii. MIÖG Erg.Bd. 20 (1963) bes. S. 165-67; ders. in MIÖG 78 (1970) über die Datierung der Reichskrone; ders., Intitulatio I. Lateinische Königs- und Fürstentitel bis zum Ende des 8. Jahrhunderts. MIÖG Erg.Bd. 21 (1967); ders. /Garms-Cornides/ Fichtenau/ Brunner, Intitulatio II. MIÖG Erg.Bd. 24 (1973); Fichtenau, Lebensordnungen (bes. 233f. – Hl. Lanze); Georges Duby, Krieger und Bauern. Die Entwicklung von Wirtschaft und Gesellschaft im frühen Mittelalter (Frankfurt/M. 2. Aufl. 1981; S. 56 – Schatz); ders., Die Zeit der Kathedralen (Frankfurt/M. 3. Aufl. 1984; S. 45 – Gold; S. 31 – Kreuz); Othmar Hageneder, Weltherrschaft im Mittelalter. MIÖG 93 (1985), bes. S. 276; Jan Huizinga, Herbst des Mittelalters (Stuttgart 11. Aufl. 1975); der Bericht des Gislebert von Mons, Chronicon Hanoniense 109, nach Arno Borst, Lebensformen im Mittelalter (Frankfurt/M. 1979) 86f.; Kaiser und Reich. Klass. Texte zur Verfassungsgeschichte des Heiligen Römischen Reichs Deutscher Nation. Hg. Arno Buschmann (München 1984).

KAPITEL IV

Quellen:

Wipo, Gesta Chuonrati. Hg. Harry Bresslau, Scriptores Rerum Germanicarum 61 (1915; über Konrad II.).

Quellen zum Investiturstreit 1. Hg. F.-J. Schmale, FvSt-Ausg. 12a, bes. S. 148 (Dictatus Papae), S. 243 (Brief Gregors VII. von 1077); Kaiserchronik. Hg. F.-J. Schmale, FvSt-Ausg. 15, bes. S. 233 (a. 1105 über Heinrich IV. und V.).

Lampert v. Hersfeld, Annalen. Hg. A. Schmidt/D.Fritz, FvSt-Ausg. 13, bes. S. 75 (‚Staatsstreich von Kaiserswerth' 1062).

Literatur:

Friedrich Schneider, Universalstaat oder Nationalstaat (Innsbruck 1941) über die Kontroverse Sybel-Ficker; Beumann, Kaisergestalten (s. o., zit. S. 7); Horst Fuhrmann, Einladung ins Mittelalter (München 1987) S. 78 (Aufbruchszeit); S. 76-99 und August Nitschke in Exempla Historica 14 (1984) S. 23-42 über Gregor VII.; Schieffer, Kaiserzeit (s. o., bes. 46-49 – ‚Katastrophe' 1056); Uta-Renate Blumenthal, Der Investiturstreit (Stuttgart 1982); Neue Deutsche Geschichte Bd. 1 – Friedrich Prinz, Grundlagen und Anfänge. Deutschland bis 1056 (1985) und Bd. 2 – Alfred Haverkamp, Aufbruch und Gestaltung. 1056-1273; Horst Fuhrmann, Deutsche Geschichte im Hohen Mittelalter (2. Aufl. 1983); H.Kämpf (hg.), Canossa als Wende. Wege der Forschung 12 (1963); Heinrich Mitteis, Der Staat des Hohen Mittelalters (4. Aufl. 1953); Josef Fleckenstein (hg.), Investiturstreit und Reichsverfassung. Vorträge und Forschungen 17 (1973); Karl Jordan, Investiturstreit und frühe Stauferzeit (= Gebhardt Bd. 4); Harald Zimmermann, Heinrich IV., in Beumann, Kaisergestalten (s. o).

KAPITEL V

Quellen:

Werner Goez, Von Pavia nach Rom (Köln 1978; S. 224: Gesang der Romfahrer; 20ff.: Via Francigena); Ferdinand Gregorovius, Geschichte der Stadt Rom im Mittelalter (1859-72, div. Neuausgaben).

Odilo Engels, Die Staufer (3. Aufl. 1984); Karl Jordan, Friedrich Barbarossa, Kaiser des christlichen Abendlandes (Göttingen 2. Aufl. 1967); Günther Wolf (hg.), Friedrich Barbarossa. Wege der Forschung 390 (1975), darin besonders Heinrich Appelt, Die Kaiseridee Friedrich Barbarossas (zit. S. 241); Peter Rassow, Honor Imperii (2. Aufl. 1961); Fuhrmann, Einladung ins Mittelalter (s. o., bes. S. 33 – Joh. v. Salisbury; S. 100ff. – Heinrich d. Löwe); Karl Jordan, Heinrich der Löwe (2. Aufl. 1980); Heinrich Appelt, Friedrich Barbarossa, in Beumann, Kaisergestalten (s. o.); Otto von Freising, Gesta Friderici. Hg. F.-J. Schmale, FvSt-Ausg. 17 (bes. S. 115 – Einleitung); Italienische Quellen über die Taten Kaiser Friedrichs I. in Italien. Hg. F.-J. Schmale, FvSt-Ausg. 17a; Blätter f. deutsche Landesgeschichte 117 (1981) mit Beiträgen zur Auseinandersetzung zwischen Staufern und Welfen.

Literatur:

Ernst Kantorowicz, Kaiser Friedrich der Zweite (1927/31); Walther Lammers, Friedrich II., in Beumann, Kaisergestalten (s. o.; bes. S. 236 – Ereignisse 1249); Herbert Nette, Friedrich II. von Hohenstaufen (Reinbek 1975; bes. S. 47, 61 – Urteile Gregors IX., S. 103 – Friedrich als Antichrist); Gunther Wolf (Hg.), Stupor Mundi. Wege der Forschung 101 (2. Aufl. 1982), darin besonders Hans Martin Schaller, Die Kaiseridee Friedrichs II., bes. S. 516 (kaiserl. Liturgie); ders., Kaiser Friedrich II., Verwandler der Welt (Göttingen 1971); ders., Politische Propaganda Kaiser Friedrichs II. und seiner Gegner (1965); Klaus J. Heinisch, Kaiser Friedrich II. in Briefen und Berichten seiner Zeit (Darmstadt 1968); Josef Fleckenstein (Hg.), Probleme um Friedrich II. Vorträge und Forschungen 16 (1974); Schieffer, Kaiserzeit (s. o.); Hartmut Boockmann, Stauferzeit und spätes Mittelalter. Deutschland 1125-1517 (Berlin 1986).

KAPITEL VI

Quellen und Literatur:
Herbert Grundmann, Wahlkönigtum, Territorialpolitik und Ostbewegung im 13. und 14. Jahrhundert. (= Gebhardt Bd. 5, zit. S. 121f. – Albrecht I.); Friedrich Baethgen, Schisma und Konzilszeit, Reichsreform und Habsburgs Aufstieg (=Gebhardt, Bd. 6); ders., Deutschland und Europa im Spätmittelalter. Deutsche Geschichte, Hg. Walter Hubatsch (Frankfurt/M. 1968); Fuhrmann, Einladung ins Mittelalter (s. o.; zit. S. 32); Fichtenau, Lebensordnungen (s. o.; zit. S. 225); Mitteis, Staat (s. o., zit. S. 351f.); Hartmut Boockmann, Heinrich VII., in Beumann, Kaisergestalten (s. o.); F.-J. Heyen, Kaiser Heinrichs Romfahrt (München 1978; enthält die Bilderchronik); Umberto Eco, Der Name der Rose (München 1982; Roman über die Zeit Ludwigs des Bayern); Reinhard Schneider, Karl IV., in Beumann, Kaisergestalten (bes. S. 272 – Finanzen und Judenpogrome); H. Patze (hg.), Kaiser Karl IV. 1316-1378, Forschung über Kaiser und Reich (Neustadt/Aisch 1978); F. Seibt, Karl IV. Ein Kaiser in Europa (München 1978); E. Schubert, König und Reich, Studien zur spätmittelalterlichen deutschen Verfassungsgeschichte (Göttingen 1979); Roderich Schmidt, Friedrich III., in Beumann, Kaisergestalten; ders., AEIOU. Das Vokalspiel Friedrichs III. von Österreich. Archiv für Kulturgeschichte 55 (1973); H. Thomas, Deutsche Geschichte des Spätmittelalters 1250-1500 (Stuttgart 1983); Alphons Lhotsky, Kaiser Friedrich III., in ders., Aufsätze und Vorträge 2 (Wien 1971).

KAPITEL VII

Quellen und Literatur:
Rolf Sprandel, Verfassung und Gesellschaft im Mittelalter (Paderborn 1978); Otto Brunner, Sozialgeschichte Europas im Mittelalter (Göttingen 1978); Karl Bosl, Staat, Gesellschaft, Wirtschaft im deutschen Mittelalter (= Gebhardt Bd. 7); Karl Kroeschell, Deutsche Rechtsgeschichte 1,2 (Reinbek 1973); Fuhrmann, Einladung (s. o.; S. 34 – Reisekönigtum; S. 53 – Ausrüstungskosten des Ritters; S. 195ff. – Fälschungen); Fichtenau, Lebensordnungen (s. o.; S. 505 – Präsenz des Herrschers; S. 225 – ‚System von Aushilfen'; S. 552 – Gerbert über den Rechtsstreit; S. 544ff. – unrechte Gewalt); über Itinerar und Urkunden der Könige informieren die vielbändigen Regesta Imperii, zusammengestellt von J. F. Böhmer und neubearbeitet von verschiedenen Forschern; eine pointierte populäre Darstellung von Unterdrückung und Ausbeutung in Mittelalter und Neuzeit gibt Bernt Engelmann, Wir Untertanen. Ein deutsches Anti-Geschichtsbuch (Frankfurt/M. 1976); zum ‚Glanz der Waffen'; Wolfram, Splendor Imperii (s. o.); Widukind v. Corvey, Res Gestae Saxonicae 3,55-61, zitiert nach der Übersetzung von Schottin/Wattenbach in GdV 10. Jh., 6 (1882) S. 109-11; Schramm, Herrschaftszeichen (s. o.) Bd. 3, S. 919 (Heinrich VI.); Nette, Friedrich II. (s. o.; S. 111 – Viterbo); Otto v. Freising, Chronik 7,35, hg. W. Lammers/A. Schmidt, FvST-Ausg. 16 (1960).

KAPITEL VIII

Quellen und Literatur:
Adam Wandruszka, Das Haus Habsburg (2. Aufl. Wien 1959); Erich Zöllner, Geschichte Österreichs (6. Aufl. Wien 1979); Edward Crankshaw, Die Habsburger (Wien 1971); Hermann Wiesflecker, Maximilian I., in Beumann, Kaisergestalten (s. o.; S. 346 – Finanzen); ders., Kaiser Maximilian I. Das Reich, Österreich und Europa (Wien 1971ff.); Laetitia Boehm, Geschichte Burgunds (Stuttgart 1970); Heinrich Lutz, Reformation und Gegenreformation (München/Wien 1979); Peter Rassow, Das Zeitalter Luthers und Karls V. (2. Aufl. 1962); Hanns Lilje, Martin Luther in Selbstzeugnissen und Bilddokumenten (Reinbek 1965); zu den Renaissancepäpsten immer noch Jacob Burckhardt, Die Kultur der Renaissance in Italien (1860, div. Neuauflagen); Eberhard Büssem/Michael Neher, Arbeitsbuch Geschichte Neuzeit 1. Quellen (München 1977; S. 261ff. – Chronik des Pfarrers J. D. Minck; 264 – Instruktion Ferdinands III.; 283 – Samuel Pufendorf, De statu imperii Germanici 6,9); Kroeschell, Rechtsgeschichte 2 (s. o.).